山林書院叢書 13

自然音聲

陳玉峯 著

代序

　　2016 年 1 月 16 日大選的結果，對很多台灣人而言，是歷史性、跨世代性的大分水嶺，也是人性在自由民主氛圍下的勝出，這是在過往 8 年，充滿龐雜病毒汙染下，台灣自體免疫系統的一次反擊，但其所遺留下來的疑難雜症，對長年體弱多病的台灣，仍然充滿不可逆料的危機重重，自然生態、環境問題相較於政治社經，依然處於整體的弱勢、邊緣，或說價值位階尚未到位。

　　所有的一切，新生代的教育，永遠是未來改造的根本議題，筆者殆自 1990 年代末葉開始投注在此一區塊。而恭逢 2015、2016 年的轉捩，本小書輯錄 2015 年 8 月以降，筆者在教育工作之餘，些微輕飄飄的感受，輯分「自然音聲、生活、課堂及社會」，留下無關緊要的痕跡。

　　教育事工，永遠「看不見」功利主義式的成果，在此，但舉修課三位同學阮湘盈、蕭武治先生及吳欣芸的回應，列舉為走過一學期的見證（附錄）。

　　感恩母親母土予我的賜福，感恩社會何其多可愛的台灣人，一齊在社會事工的努力。而老朋友蘇振輝董事長、楊博名董事長、黃文龍醫師等，長年對筆者護持與照顧，誠如小時候母親告訴我的：「你是年尾囝仔，命中南方有溫暖！」的確，一生純粹友誼大抵皆出自南國，系列拙作一向拜請蘇

董、楊董、黃醫師等，為我作序，只為了銘記我們的友誼，而且，在這樣的時空，我們一向勇於表達、承擔對台灣的一份虔敬與大愛！

末了，以撰寫於大選日隔天，一絲絲對自己、對朋友們的感受，用以代序：

〈環境、生界大戰開打了！〉

台灣終於光復了，遲來了 71 年！

於是，我們可以昂然說出有什麼樣的人民，產生什麼樣的政府，而告別「有什麼樣的政權，產生什麼樣的人民」了！

於是，所有實質上的問題我們必須完全承擔，再也沒有政治結構上的理由可以推諉。

因此，我要恭喜環保與保育界，所有關心環境及台灣世代的朋友們，更嚴苛的挑戰開始了！真正普世公義、世代正義的大戰開打了！

別忘了，千禧年第一次政黨輪替後，一些環保人士或單位被延攬、被消音而萎縮，也曾經發生「過去反核，現在不反核」的鬧劇。

別再說：「我們努力不夠！」這樣的廢話，而該從心態上迎接一個真正挑戰的時代，立即放下幾個月來的殫心竭慮，誠懇喜悅地先恭賀台灣的大勝利、民進黨的大贏家，更要肯定、欣慰於勇於表達的環境派人士的突破，4 年間，從 0.6% 總得票率，經 1.74%，達到如今的 3.16%，翻轉成長了數倍，而依據近乎必然的成長曲線而言，很顯然我們處於起

步的加速中，我預測未來 8 年全球及台灣的環境災變，將形成環境黨派增溫，且必邁向反曲點的成長，這是整體氛圍及未來的運勢。

最沒用、最不長進的話例如：「我已經盡力了」、「我們努力不夠」，只要一口氣在，每一刻都是開始，因此，我隨意列舉些微思考，同大家互勉。

1. 此次大選沒有意外，幾乎完全符合人民對前朝傾中賣台、自我作踐的反彈，也在民進黨沒出紕漏的審慎風格下，贏得空前大勝利。小女孩被架著道歉的畫面，當然是化學反應的催化劑、引爆點，但沒有這個瘋狗浪，一樣是大勝，不必誇張情緒型的反彈，除非是在五五波的角力下。別忘了浪很高大，並無前進，真正走動的是黑潮、親潮、湧升流等等主流的洪流。

我要說，這是一場傳統型的大選，它是遲來的台灣大勝利，一切本當如此，它反映出世代自然交替的常態，如果不是這樣才叫「奇蹟」或「畸變」。

2. 連日怪異淫雨中，在老天爺的賜福下，只在 1 月 16 日大選日放晴（至少中台灣如此），當然是「天佑台灣」，有助於提高投票率，然而，全國總投票率卻創造史上新低，只有 66.27%，我認為應該從全國總領票族群，依不同年齡（層）及其比例等分析，才可獲得進一步解析的基本數據，在此先按下，只談大趨勢。

2008 年大選投票率是 76.33%，2012 年是 74.38%，2016 年竟然只剩 66.27%，前一個 4 年掉了 1.95%；後一個 4 年陡降了 8.11%，這是整體趨勢的鉅大變化，理應配合上

述不同年齡層及比例等解析，才能明白不願投票的族群是哪些人。我推測 33.73% 不投票的族群中，「文化創意派」必然占有可觀的比例。

　　民主自由的西方國度中，後現代社會裡，注重身、心、靈合一，具備充分自主性或主體性的許多個人，他們關懷生命的整體意義，他們探索全方位的連結，他們自主選擇生產到消費或生活的新模式，他們厭倦爭論了 2、3 千年的民主代議制度，他們拒絕投票，他們不會追逐盲目群眾的智能衰退，他們在社會中的角色，往往是創造性的前瞻未來，他們是先行者，千禧年前後，有人估計西方這類創意派大約占了 2、3 成，這 15、6 年來必然是增加。

　　十多年前我估計台灣的文化創意派大約有 1-2 成，如今應已成長為 2-3 成。

　　並不是說 2016 大選，不投族就是創意派，恰好相反，我認為有可能是他們當中，多出來了 16 萬人，挺身投了綠社盟一票，也有更多的人，在考量大局之下，投了 DPP。

　　簡單說，環境優先的人士合該振奮，為自己、為社會、為台灣暨全球喝采。

　　3. 環保或保育從來都是最先進的政治，它是時代列車先端的鼻尖。因為它必須超越自我中心、家族中心、社會及文化中心、民族主義及國家中心、人本及人道中心，進臻到生態中心、宇宙中心的寬闊人格與自性。

　　數十年來我不斷地鼓吹「我們正在開創這社會尚未存在或普遍的新價值、新道德」，試看反核 3、40 年，直到近 2、3 年才獲致初步的共識；後勁反五輕 28 年，奠基在多少人、

鬼、神的合作之下，才有 2015 年底的暫時遷廠……。台灣的環境運動好不容易才擺脫被迫害的情結，近年來才緩慢地走向理念、信仰的初階，任何環運朋友們，我完全肯定、讚賞、敬佩大家近年來的努力與付出，你們正是貨真價實的環境文化創意先鋒，但請別忘了「一將功成萬骨枯」，多少各行各業各界的支持，多少先輩的打拚奮鬥了數十年，才有今天小小局面的開展。任何人都可以是收割者與開創者，但以理念、信仰為動機者，內心絕不輕易受到一時性的得失而喪志，更何況面對全台灣空前的大喜悅？！

　　我必須再度地說，我們的運動正要開始呢！

　　4. 請教所有環運朋友們，40 年來台灣環境、生界的問題是轉好了，還是更加惡化？各項重大的環境問題，哪一項真正解決了？！沒有啊！20 多年前我在台中反空汙，沒人理我，如今 PM2.5 遙遙無期，全民吸毒、每況愈下；1990 年代我反基因重組，社會一片死寂，如今小英高倡要大力發展生技；1991 年之前的森林運動，只讓當局頒佈了一紙禁伐天然林的行政命令，25 年過去了，我們還是沒能立法禁伐天然林，社會一樣不願正視造林即造孽的迷思；3、40 年來，恐怖的核廢料幾萬束累進，一束也沒能解決，隨時可以釀造世代鉅災的危機啊！1985 年迄今，台灣的人口密度、工廠密度、車輛密度、能源消耗、單位面積二氧化碳排放量、危機概率及風險損失，乃至土地總壓力，哪一項不是全球第一？！然後呢？台灣人當家了，經建「成長」會中止？政策會改變？價值觀可以立即翻轉？試問即將執政的 DPP，所有菁英們幾人具備環境認知、理念或信仰？新國會

多少人才得以抗拒資本主義洪流，力主環境正義、世代正義？龐雜的現世正義、轉型正義，夥同世界政局的詭譎多變，中國惡勢力的無孔不入，林林總總的世間大問題，必將在全球氣候暨環境變遷之下，蛻變出預想不到的數不清的新議題與問題，請問全國同胞，有多少人、多少團體單位，構思好全套系列的因應、突破與前瞻性開創？

環運人士的永世價值與系統建構是何？做為最具遠見、格局的環境政黨，又將以什麼內涵及主張帶領國人，找尋嶄新的普世力量與希望？

5. 時代截然大變化，過往環運的方法、技巧、思維、行動，必然隨時隨地隨境遇而流變萬端，沒有人「準備好了」，一切有待永續的創造力，但此中，核心價值觀、生態中心文化的大打造、大創建，更是價值中的價值、信仰中的信仰。在過往環運精神文化的世代變異下，二元價值觀、心物分離論早已粉碎，但人類新典範、新文化的確立仍然支離破碎、紛紛擾擾。寄語新世代，恭喜新世代，在台灣政權的現實下，年輕世代正需要著手台灣文化的大革命，可以順著政治結構的顛覆下，接著進行宗教、教育界、學術圈、藝文等等大改造，而環運必須連結母體文化的生態體系，銜接650萬年的造山運動、250萬年的生界演化史，這條開天闢地大動脈的大貫通，連同千頭萬緒的社會變革，我們才可能成為台灣本尊。

萬象幻化地變遷，任何人都不是孤零零的一個人；一代一代之間，遠比人們想像得到、想像不到的，還有天文數字以上的傳承與遞變。我們「老一代」的人，還會在未來跟大

2016 年 1 月 9 日，《給親愛的孩子》紀錄片公播，左起陳月霞、筆者、黃淑梅導演、主持人賴育章。

家再相見，今後，我們一樣默默地培育更年輕的世代，接續創造永續的原鄉台灣。

　　2016 年 1 月 9 日，在台中市文化創意產業園區，公播《給親愛的孩子》紀錄片，映後座談會上一位年輕人問我：「你相信什麼？」我回答了一簍筐，但重點是：理性上的相信（believe）與信仰上的相信（faith）不同；生命沒有目的，卻可在隨順流變中，不斷創造出驚豔連綿不絕的意義。環運各世代朋友們，千萬不要被說成「被邊緣化」，我們從來不是「中心」，何來「被邊緣化」；我們從來在創造已然變成現今的「中心」者，我們還是走在最先端！

陳玉峯

| 蘇序 |

宗教・大地・友誼

在我 35 歲時，因為皈依佛法，進而了解了佛陀出家的因緣，釋迦族王子為尋找生命解脫之道，便出離皇室，探索眾多法門，苦行之中身體耗弱，最終下定決心，歷經 49 天禪定後，終於開悟證道，原來，眾生皆有佛性，只是被世間法所矇蔽！佛陀悟道的那年，正巧也是 35 歲。

2015 年 10 月 11 日，楊博名董事長為蘇振輝董事長預慶六十歲大壽，安排祝壽一景，蘇董靦腆、喜悅的神情。

　　但我最好奇的是在這 49 天的禪悟之中，和心魔拉鋸的過程裡，是何種心境法門？當年 35 歲的我當然無法揣摩此番境界，而如今已屆耳順之年，多了些許生命歷練，彷彿對人性與佛法有了更多的理解與領悟，世間的貪嗔癡根源皆來自於人性的無知，人若想超脫苦難，找到生命自信，透過反思自省與沉澱，便是最好的修行法門。

　　除了自身的覺醒，關懷自然土地，與付出對眾生的愛也是獲得生命價值的來源。敬愛的陳玉峯教授在生態植物的研究領域中，投注了畢生心力，深入地了解台灣土地的前世今生，同時，對於下一代的環境教育工程，更是熱情地投入其中，因為台灣就是我們每一個人的家，是 2300 萬人民的安身立命之處，教育下一代認識台灣，彷彿是他一生的天職；如今，2016 年新政府誕生了，能有幾位政治人物能超越政治的思考，將環境議題帶入未來的政策研擬中？我相信這將是另一個魔考般的試煉，也唯有通過這樣的考驗及扎根的教育工程，才能為台灣找到新的契機。

　　1999 年，我生平第一次踏進台灣最珍貴原始檜木林──鎮西堡的領地，因而啟發了我對土地的愛，更美好的因緣是認識了一群，對台灣土地與環境極為用心且無所求的朋友；我們有感於檜木和台灣土地歷史之演變脈絡相連，自 2014 年起，與公視合作，計畫用三年的時間，紀錄台灣檜木林。一次拍攝的途中，原住民嚮導依諾熱情地解說加上親身示範如何與咬人貓和平相處，說也奇怪，咬人貓就是不咬他，他說：「我們泰雅族同胞從幾千年前，就真心地愛著它，我們就是好朋友呀！」看到這一幕對話，內心真是感動。

　　如今回想過去，除了在大自然裡體悟、收穫之外，生命中印象最為深刻的感動，便是有了這些溫暖又良善的友情交流。友誼是人生心靈中最豐富的饗宴，在我們這些人身上都可以印證；尤其是愛智圖書楊總迄今十多年來的抗癌奮鬥過程，除了是抗癌會友中最佳的典範，也是因著友誼的能量與熱情，鼓舞他再度重生，而這一份能量也在楊總身上轉變成熱情關懷周遭人、事、物的大愛，並在人世間不斷地流轉著，希冀這樣真誠的付出，能形成漣漪效應，為台灣帶來巨大的改變力量。

楠弘貿易
董事長

2016.2.15

| 楊序 |

愛與實踐

　　2015 的《自然音聲》從自然、生活、課堂、社會等面向集結了陳老師的文字，然而不論從哪一個面向，你都可以讀出陳老師熱烈的胸懷與期待。邁入耳順了，這位怒目金剛絲毫不減對台灣生界的愛與憤，一生堅持。

　　與這位知交多年，影響我深遠的人，除了價值觀相同亦還有許多相近的地方，看著多篇撰寫泰雅好友的〈依諾物

楊博名董事長熱情澎湃、急公好義，2015.10.11 主持蘇董慶生。

語〉，寫他在山林裡的悠遊與對土地和族群的感情，也不禁讓我想起多年的魯凱好友——小獵人杜義雄，20多年前他毅然決定回到舊好茶，用自己的力量重建毀壞的石版屋，一片一片的石版堆砌，也一點一點的找回兒時美好的回憶，傾聽血液裡魯凱的基因的呼喚，找到生命中最認同的方式生活。依諾與小獵人都是將腳真實的踏在土地上生活的人。

　　到成大台文系執教後，陳老師對學生無私的付出，也令我感動，每學期安排帶領學生一山一海的故鄉生態踏查，從廟宇、從傳統、從生活，顛覆、刺激著年輕學子的思想與邏輯。不論是執教、是主持廣播、是扮演任何角色，這位髮已斑白的好友總是全力以赴，一如他說的：在無常的人生中，但求當下淋漓盡致，而不必考慮得失。

　　有這樣認真看待人生的好友，我的生命也自然豐富並且踏實。在多數人對現階段的社會現狀有過多不滿、對普世價值有諸多衝突的狀態下，我也常思考自己可以怎麼做最好？能夠實踐來自陳老師給我的正面影響。多年來，我投入對環境生態維護與藝術的挹注，生活在柴山與愛河的懷抱中，受著山海的滋養，想著對土地的情感，就慶幸己身的棉薄之力尚能付出。而善待身邊的人亦是我覺得重要的，親友、員工、流浪動物等，甚至並不認識的人，因為有所機緣，我將自己抗癌的歷程轉化成能激勵他人的經驗，也每每能體會這或許是上天賦予我的任務吧！

　　下筆這篇文字前，我一直在思索，怒目金剛的背後其實有真實且深遠的愛，所以才能一生堅持與努力實踐。陳老師是嚴厲的人，但也可以給人豐厚的溫暖與正向的能量。

　　人的一生如果能以肉身實踐愛與理想，也才能有化為千風的灑脫與無憾。

愛智圖書
董事長　**楊博名**

2016 立春

| 黃序 |

|黃序|
我讀《自然音聲》

　　地牛翻身引發台南災變，我按捺住激動的心情，託古人福言：「讀經宜冬、天冷專一也。」而下筆。

　　接到作者這本書稿目次，我腦海即刻浮現的是他的舊書《自然學習者的教育觀》（前衛，2004）；十二年前的此刻，作者把他擔任靜宜大學副校長時的〈致全校信函〉、〈提供學生閱讀文〉、〈社會喊話〉與〈公開講稿〉匯集成該書──《自然學習者的教育觀》。近十二年了，從教育單位出走，又回歸教育單位，景物未依舊、全貌也已非。從中部到南部、從「私大」到「國立大」，學校屬性不一，對象或已迥然相異，教育回饋、迴響看似大不同。

　　這十二年，他還是他：未懷憂喪志、亦未虛擲人生；走了一圈，看似有些脫胎換骨，仍然是他：意志更堅定、思維更精純、言語更濃縮，言較簡、意賅而仍然熱情不減。儘管有學者認為，「教育過程發生在作者與讀者間，而不是學生與教授間。」（L. James Hammond）然而，聽過作者的演說或講課，你會同意，兩者是相成相輔的；近代社會學淵源於法國，有評論家形容法國社會的人際精髓：語言、眼神和行為動作──媒體觀察人士稱之為「誘惑」，這是惟「誠諸于中（衷），而後始能形諸於外」的。這是與作者直接相處，才會有所體認得的。

黃文龍醫師律己甚嚴，一生一世良醫且賑濟天下。（2015.10.11；蘇董慶生會上）

　　不過，閱讀他以前出版文本，我一直喜歡、印象深刻、閱讀後深得我心的，也認為最能吸我睛的，還是他在山林的對話與一般人相談後的、事物觸景後的思維。我記得別人一段話，但忘了出處，這應該也等同於他一貫的山林的體會吧：在與一原住民嚮導奔波於山林道路之際，原民嚮導忍不住的嘀咕他人──「放緩你的腳步吧！不然，你的靈魂是會跟不上的。」

　　本書精彩的，是用〈依諾物語〉拉開了序幕。〈依諾物語〉是脫俗草根人物的智慧言語──自然、精純、詼諧、饒富自然哲理、純山林經歷的人文思維。我斗膽省略作者的標題而隨手挑來拜讀的是：

　　「憑垃圾辨認人種」、「咬人貓不咬我舌」、「棋盤角

的果實」、「神氣鑑定樹齡」、「不小心說溜嘴的山林教育」，以迄「上山不守規矩，就像是另一種垃圾」！

　　我接得文稿時，我其實是先倒著看的，因隨手就翻到近底頁的〈附錄一：萌〉——阮湘盈的文。她以「秋之序語」做為其文的標題。年輕獨特的目次標題安排深深吸住了我的目神；日期以調皮的「拾舞」代替 15、「貳拾酒」代替 29。而創意的標題並未掩飾了內文的出色。文章「破題」更令我覺得新奇、年輕、活潑、奔放、著力，處處顯示活力與伶俐——「環保是最新的政治」、「如果你愛得夠深」、「海底揚塵，峰頂掀波」、「只求淋漓盡致」、「我們從來不是無中生有」、「大於地平線的眼界」到「價值是創造的」。其後也有兩位年輕朋友的鋪文饒富旨趣：欣芸的圖文、蕭武治的「阿爸阿母寫於阿珊的生日」的心靈告白——「生命中有些更重要的事，是要用『心』來記憶的。」

　　青春的文跡點綴平添了本書的可讀性與生命力；也有傳承的意味。

　　「山，讓我們心胸寬大，而海比山大、天又更大；心靈則更大於山、海、天」。

　　其實，作者多年寓之於思、文字、書、言談，均自然源諸於如此的思維：求之於人心的「心妙」與「妙心」。

　　謹為之序。

医師　黃文龍

目次

輯三、課堂

輯一

自然音聲

檜木與我——緣起篇

　　許多人生境遇的「第一次」，都烙印下永生難忘的記憶，而且，無論是正、負面，時間、心智會賦予某種程度的美化，也會剔除一些醜陋的影像，以致於塑造了一些像是神聖時空的「印痕」。

　　可是，當我想起檜木，或是隔了一段時空再度造訪他，卻始終想不起第一次的印象。我只能說，他給我的第一次，不可能在此生，而是不知多少曠遠前生的相知相惜；也不止於「似曾相識」，直是不需語言、感知，而是靈體本身般的靜寂、肅穆、和祥與浩蕩。

　　他們存在於當下的山林深處，如同小說電影，「電的影子」那般夢幻與真實。有的時候，我會有一種說不出口的依戀，就像世界知名老情歌〈Besame mucho〉吟唱的：深深吻我吧！彷彿今晚就是額外多出的一夜！而我也真的害怕再度失去了他。

　　我儘量不用數十年自然科學的思考去干擾我與檜木的關係，但事實上唯物理性的研究、親近，卻愈來愈加深我對他的依戀。我們是檜木的子民。我相信他們是在大約 150 萬年前，從日本來到台灣落地生根的。

　　150 萬年化作我們可以或不可以感受的 5 億 5 千萬天，

真的是海枯石爛的感覺。光是較善變的闊葉樹殼斗科物種，平均大約 30 萬年才能演化出一種新的樹種，更別說古老冰河期孑遺的檜木。他們來到台灣以後，認同造山運動的節奏，發展出特產的台灣紅檜，還有一種蛻變中的台灣扁柏，依然留著日本扁柏的胎記，以致於植物分類學家始終分不清楚同不同種。

許是深層歷史（deep history）的牽連，台灣存在多種令人不自覺地融入時空奇妙之旅的太虛幻境，玉山圓柏、檜木等，就是這類的太空梭。老朋友蘇董幾次演講中，我目睹他打出玉山圓柏或檜木的影像時，無由來的哽咽、流淚。

淚崩的原因百、千種，因自然影像觸動而潰堤者，最可能是啟動了基因隱藏的「返祖現象」，或說人類遠古演化流程中，與類似景象的某種連結，並且讓他投射在此生記憶的特定印象。我說「返祖現象」，一般指的是龐多動物在胚胎發育的中、前期，幾乎很難從型態上找出差異，也就是大家都是同源而來；在植物而言，常指稱種子萌發後，最初幾片的初葉，正是其先祖的葉形，後來長出的，才是現今的「正常葉」，或說，祖先的胎記出現在幼兒期，個體一生的發育，最初還將遠祖的形象重現。個體不只是單獨的個體，還將他之所來自，快速地在生長或發育的最初階段重演一次。

因自然而淚崩，有可能比「返祖現象」還幽微，我認為相關於意識或靈魂。我一直相信我們之所以感受星空、大地、海洋、任何景象的美，正因為我們本是同根生，不只是身上的分子、原子、質子、中子、電子、量子、能量或波動本來就從恆星核融合所產生，就連意識甚至才是真正的指令

前往鎮西堡首先遇上的，山徑旁的紅檜大樹

者，物質、有形的東西，悉皆某種宇宙意識所創生，遑論真、假、一切現象或概念的虛幻？！所有人的感受都是橋樑、界面，差別在於搭連端點的遠、近。我們在相對真實與虛幻之間，摸索我們的來處與歸宿。

　　2015 年 12 月 13 日，我們一群檜木兒女再度前來鎮西堡。距離我首度前來調查檜林已逾 5,897 天。1999 年 9 月 20 日，陳相云、陳月霞與我全家人，會同楊國禎教授及助理，調查鎮西堡檜木族群。是夜隔天凌晨，我們在教堂宿舍，見證了台灣島出海成陸、蓬萊造山運動原理，山搖地動、鬼哭神號，開啟了我對檜木林之如何在台灣永續發展、天然更新的明燈。沒有 921 大震，以及隨後幾年檜苗在崩塌地及溪澗萌發的體驗，我不敢正式提出檜木林在台長存的機制或天演的奧秘模式。

　　我推測大約 150 萬年前或前後一段長時程，檜木的祖先在大冰河時期，從日本經琉球，殆由北台先端入境，再逐次南向推進。他們不知花了多少萬

這「株」大樹事實上是兩株紅檜並生而成，左側這株上半段遭落雷打斷，上半段掉落在左下方，全株死亡數十年以上。因此，估算樹齡不能以胸徑去計算。

蘇振輝董事長在鎮西堡檜木 A 區留影，背後的紅檜是多株並生的連體樹。（2015.12.14）

年、轉換了多少世代，在天擇演化之下，跟地體變動、環境變異及氣候變遷，一齊進行基因池的調整，終於跟台灣地體結合，且隨著地動進行更新。台灣大地接納、提供他們永世的家園；他們用心呵護、庇蔭、捍衛山體與水土。他們合成一體，形成福爾摩沙壯麗山林的中樞地帶。

鎮西堡的地名恰如其分，鎮西堡的檜木林正是雪山山脈西北半壁檜木林分佈中心的下部界，台灣紅檜的分佈從溪谷的海拔 1,700 公尺，挺升到山稜的 2,300 公尺附近，中心分佈為海拔 1,900-2,100 公尺之間，而上接台灣鐵杉、下會闊葉林。

以我們測量過的台灣紅檜 98 株而言，胸徑約從 15 公分到 4.3 公尺（胸周 13.4 公尺），年齡粗估在 30 年至 6 千年之譜，但我認為最大樹大抵都是 2 株或多株並生黏結所形成，故全區紅檜樹齡大致在 15 年以迄 3 千餘年。

樹齡多大，正可顯示該樹所在處，從苗木始生迄今，都處於穩態。一株神木 3 千歲，代表 3 千年來至少經歷 50、

鎮西堡檜木園區植被的主體其實是闊葉林，本闊葉林左半斜坡樹木的傾斜，代表此山坡的下滑。

60 次 921 大震等級的地震，以及 3-5 百次類賀伯的大颱風，該樹及該地都未曾遭遇致命的崩塌。

而幾千、數百年來，泰雅等原住民生存在檜木林帶，他們在樹靈 Caparong・烏杜，以及集體神靈 Ga-Gar 的庇護下，產生了優美的自然史詩及土地倫理。

我們今天來此，就是要再次見證台灣自然史、北台檜木殘存的神蹟，且從泰雅人到華人親炙檜靈的經驗，追溯我們心靈的原鄉，體會自然對台灣的厚愛。

除穢的動力——依諾物語①

Ino 背著大袋子沿山徑撿垃圾。（鎮西堡檜木 A 區）

「陳老師喔——，這個你不要錄音，不好意思哪！」

依諾靦腆地說，我以為他要講出什麼不雅的事誌或劇情。

他沿著鎮西堡檜木園區山徑上下，撿拾花樣龐多的垃圾，塞進他的大袋。

他今天的任務是嚮導及解說。他撿拾遊客丟棄的垃圾已

童真的 Ino（左）與筆者。(2015.12.13；鎮西堡優美地民宿)

長達十餘年，逕自發展出另類的「垃圾分類法」：憑垃圾辨認「人種」！

其實我認識他 16 年，但將近 6 千個日子以來，我們只不過見了 2、3 次面，後來，我只零星從助理或他人，耳聞他的名。然而，2015 年 12 月 13 日傍晚，他出現在優脈（莊俊明）的「優美地民宿」時，我們彷彿是失散多年的家人，單純的喜悅溢於言表。

他的年齡比起鎮西堡看得見的 I-Bu（台灣赤楊）都大，超過半百了，臉蛋一樣童真與可喜，說話的聲音也很好聽。今天跟他走在山徑上，我有些懊悔為什麼過往，我都愚鈍到未曾發掘這位山林瑰寶。

依諾不要我錄音的，只是這句話：

　　「檜木園區開放以來,大家講好了,嚮導解說員帶路,順便撿垃圾,但其實,只我一個人在撿!……」

　　他厚道且心思細膩,他不想損人,即便是微不足道的事實。

　　而他講得出口的,持續不懈撿除垃圾的內在動力是何?

　　「……我想這件事至少我個人應該做得到,除了農忙之外,我沒事就往山上跑,到處賞逛,順便撿垃圾。怎麼說呢?這檜木園區原本是我外公的獵場,他除了務農時段,全都獨居森林內,也在這裡終老;他年紀大了,選擇在此掛了!所以這檜園就是我阿公的房子、家人的家園。因此,外來垃圾在這裡,我看不下去,一定要撿下來……家人將阿公的遺體揹下來,依泰雅習俗下葬……是因為這樣,我才有力氣永遠撿下去,要不然有時候心裡很不是滋味……」

　　依諾的「感嘆」一向很輕,因為他是山林子民,自然界沒有過度誇張的怨懟,他的「反省力」也一樣輕,卻充滿智慧,例如他談到氣候變遷,有些年颱風頻繁:

　　「每個農民都一樣,颱風來,希望不要打我而去打別人,我就能大賺。可是這樣想想也不對咧,怪怪的啊!大家都是農民吧!」依諾1甲地的高冷高麗菜去年大賺、今年虧損。

　　他的思考讓我想起古希臘哲學家的話:

　　「人不為己,則誰來為我?人若只為自己,又將成為什麼東西?」

　　也許古人、原住民較是接近自然。

3

與咬人貓為友──依諾物語②

　　依諾總是能在尋常無比、平淡無味的步伐交錯中，製造驚豔與喜悅。他也始終是頑童。

　　我們在檜木園區的拍攝工作告一段落後，一行魚貫下山。工作後大家放鬆閒散，只有依諾維持「小白兔電池」的勁道。

依諾（右）講解與咬人貓交友。（2015.12.14）

山徑旁的這株咬人貓，被依諾折騰得七葷八素。（2015.12.14；鎮西堡山徑）

　　「陳老師，你知道咬人貓的心情故事嗎？」依諾把我誤認為「老師」，聲調輕輕地，維持低調。不待我回答，他逕自宣佈答案，附帶示範動作。

　　「老人家傳下來的訣竅，全身唯一不被貓咬的，只有舌頭，但你得小心，千萬不能碰到嘴唇，只能用舌頭舔喔，你看……貓不咬舌頭吔……」依諾伸出舌頭在咬人貓葉面上來回摩弄：「試看看，沒事地！」

　　我小心翼翼依樣畫葫蘆，果真沒事；蘇董也俯身體驗，依諾所言不差。我悶想著這是什麼文化，怎會玩出如此的「發現」？而依諾玩興正起。

　　「你可以檢驗自己是不是山林的朋友，試看看咬人貓認

不認你這個朋友。你看，我的手臂這邊皮厚，內側皮薄，但是，咬人貓不會咬我地……」依諾一手抓住咬人貓的枝葉，一手迅速讓一把枝葉，上下左右來回摩擦、碰撞，絲毫沒有被叮咬的表情，而那株咬人貓被他整得七葷八素。

「咬人貓自由自在活在這裡，因為我們是在地人，咬人貓是我們的好朋友，很多動植物都一樣，他們都會了解我們不會傷害他；他們好端端在這裡，你沒事去惹他、打他、殺他，他當然惡狠狠地回咬你；你不要欺負他，你善意地去撫摸、問候他，跟他交朋友。他沒咬你，表示他已接納你！我們泰雅族跟他們是幾千年的老朋友了，當然，我們會狩獵，我們會砍樹築屋，但我們只在需要、必要時打獵、砍樹，山林會無害地賞賜給我們……」

蘇董忍不住讚嘆：「真的吔，奇怪吔！他的手怎麼不會被咬？！」

我仔細盯著他的動作，揣摩著各項因素及可能性。我在顯微鏡底下，觀察過咬人貓的嫩毛，當嫩毛受力且插進毛細孔時，酸液才會擠進人的皮膚。摩擦的角度、接觸的速度、季節及時辰或嫩毛的水壓等等，決定酸液入侵皮膚的數量，還有個人體質及習慣經驗的差異，或說，忍受麻痛灼熱的耐度及時程，也因人而異。

然而，我更相信依諾所言，其背後存有人類識覺心理的奧妙，鎮西堡泰雅人之與烏杜、Ga-Gar 的內在關係，還有，他們的自然山林教育。自然界除了物化定律之外，生命沒有可以化約成公式的東西，也通常沒有「目的」、「該然、當然、理當」，或一大堆「言之成理」的因果論，而是開發無

山頭之上的叫雲（Yu-Lon）。（2015.12.13；秀巒道路）

盡意義與生機的流程。也許有，也許沒有，或不必有意義或目的，演化從來不是導向完美！

依諾是自然山林以及農耕文化的活體，他的話不是要人相信或不信。

「我們的小朋友遭咬人貓叮到時，老人家指點的方法『非常有效』，老人家會說：『你這個沒用的傢伙，用鼻涕擦一擦就好了。』事實上鼻涕根本沒效，老人家是落井下石地嘲弄你。那麼，老人家很壞囉？倒也不是，它有哲理在，意思是你還得再訓練，你不懂山林，你的知覺、識覺、感覺沒打開，你還不懂得跟山林萬物溝通……」

這種溝通大抵先經由擬人化的「過渡連結」，走向屬靈的流動。打個比喻如下。

依諾說：「我們對自然萬象的感受先從比喻開始。以雲跟霧來說，本來是同一個水氣粒子，而我們將山頭之上的叫『雲』（Yu-Lon），『霧』則叫做『Ka-Kai Yu-Lon』，『Ka-Kai』是『腳』，所以『霧』就是『雲的腳』，因為它會在山裡走來走去……」

雲霧是空虛又具體多變的活體，你的心象都可如此馳騁，何況隨時可以對話的咬人貓！

再舉一個「低俗」的具體與抽象。

泰雅話的流星叫「Gu-Gi Li-Gun」（鼓濟·里 Gun），「Gu-Gi」是「大便」，星星叫「Li-Gun」，所以「星星的大便」是「流星」。

這不算稀奇，台灣人一樣叫流星為「落屎星」，只是信手比喻，非關雅不雅。

　　親愛的台灣朋友們，當我們漸漸可以感受依諾的語言，同時學會與咬人貓交友、對話，我們就可以進入泰雅的山林自然教育的藝術天地。

4

時代的命名──依諾物語③

依據時代的主觀意象而名之「棋盤腳」，倘若以時下流行，是不是有可能取名「憤怒鳥頭」呢？「鳥喙」吐出的是殘存的花柱（雌蕊）。

　　坊間許多的植物圖鑑，提及棋盤腳時，常敘述他的果實「像棋盤的腳」。問題是抄寫這句「棋盤的腳」的人，有沒有看過棋盤的腳長成何等模樣？

　　1990 年的某天，我特地去一位日本人的家，請他搬出日本的圍棋盤，翻視底部的四隻腳拍攝，果然見四稜圓鈍，與棋盤腳的果實外型雷同。

台灣瘤足蕨葉背粉白。（2006.5.11；水山支線）

　　也就是說，「棋盤腳」這植物的俗名，是在日本時代才產生，反映了當時社會使用物件的象形。事實上，無論學名或龐雜的俗名，從來都是不同時空、習俗、特定地域、造形、功能或用途、諧音造字或諸多莫名其妙、順手逢機等等而產生，沒有必然的理由，反而是現代化、知識系統化之後，失卻了活潑有趣、象徵或寓意的命名方式。

　　泰雅人的植物命名，依諾在檜木園區，同理說出有趣的例證。

　　當我解說，只要在林下看見羽狀複葉、葉背粉白的「台灣瘤足蕨」，則指示此地是針葉林或針葉樹的範圍，依諾回應：

　　「台灣瘤足蕨的泰雅語（可能限於鎮西堡）叫做『韮順（Geu-Sn）』。日治時代，瑪家人或華人搬運鹽漬的鯖魚（瑪家語叫『韮順』）上山，同泰雅人交易。有的鹹魚很鹹，有的味道很淡，也叫『淡瑪家』。」

　　「由於鹹鯖魚背藍腹白，因而被泰雅人挪用來指稱台灣瘤足蕨。」

　　「之前，泰雅人沒有對台灣瘤足蕨設有專用的命名。」

　　「八角金盤也一樣，日本人來台之前無名，日本治台後，以日本太陽旗的意象，而八角金盤具有掌裂的大葉片，如同太陽火焰的捲扭騰射，因而直接以『日本』兩字，命名

台灣八角金盤新葉。（2004.5.8；阿里山）

了八角金盤，讀音就是台語的『日本』……」

　　這兩例屬於隨著外來物，引發的聯想或連結，別於傳統之以生活事物相似性的命名，例如，木荷的泰雅語叫「Ga-Hut」，即鍋巴，煮飯時燒焦的紅褐色，因為木荷大樹的樹皮剝開，具有一塊塊的焦紅斑，從而取名鍋巴。

　　全球歷來傳統對植物的命名，最主要取決於生活功能的相關。而 18 世紀以降，為求溝通的精準，確立了學名（拉丁文）制，而世界各地、歷來的植物名，全部淪為俗名。因此，中文沒有「學名」，只有中文俗名！

樹鑑——依諾物語④

　　自然界幾乎沒有直線。原住民對於現象、事務（物）的敘述，總是如同山間雲霧、水面漣漪，或者如風，滑溜過葉叢的天旋地轉，很少系統組織化地平鋪直述。

　　然而依諾劈頭的解說卻反常態，如同講授物種分類的檢索表（key）：

　　「老人家辨識樹種，第一步先看主幹、樹形，再看樹皮；第二步抬頭漸次往上，檢視枝條如何分叉；而後觀葉，且配合春、夏、秋、冬的時令物候，如此，樹種的鑑定確定度大致上已近 8、9 成。再有疑義，就看花、果實、種子等。再不確定，嗅覺也派上用場，剎開小段樹皮聞味道，或口嚼知味……」

　　其實，所有人都差不多，自古以來依據本能、感官識覺、感覺、直覺，整體研判與辨識生物等。直到 18 世紀理性抬頭以後，強調客觀觀測且逐步歸納，確定生殖器官特徵的重要性與恆定性，更可逼近物種演化的秩序與系統，於是，唯物自然觀的辨識法，凌駕自然人的直觀，建立精準的植物分類學（Taxonomy）。於是，相關學術突飛猛進，人卻越來越遠離自然，對山林植物也只是冷冰冰的學識、知識、專業、職業、生計、榮譽、名利等等，越來越沒有生命、情意、

長尾柯倒腐木的纖維呈現細長裂狀。（2015.12.14；鎮西堡原始林區）

性靈感，而掛一漏萬，也平白喪失人在山林的許多創意、啟發、慰藉、歸宿或歸屬感。

　　我一生山林行最大的遺憾之一，就是無法跟同胞分享山林的奧秘，而泰雅原民如依諾，在此面向則予我家人感，就連樹種的鑑定，他談的方法，我大多使用過，今天卻丟給我些許清新。依諾對樹幹、樹根、枯腐倒木的鑑定能力，遠遠在我之上。

　　「你看，這橫倒腐朽中的樹幹是長尾柯，他的木材纖維呈現細長絲狀。你折斷長尾柯枝條時，不會乾淨斷截，常常會有木質絲拉得長長的……」的確，長尾柯的這項特徵目視明確，顯微鏡卻視若無睹。

光憑樹皮一眼可確定左大樹是台灣鐵杉，右樹是台灣黃杉。(2015.12.14；鎮西堡原始林區)

「這段樹頭是山漆，不信我折給你看，黃黃的……」依諾俯身拉折枯樹頭的樹根，果然，樹根心材露出了鮮橙黃。

「陳老師，你認為這株長尾柯幾歲？」依諾問我。

我答：「他的樹皮呈現少女肌膚般的澤潤、豐滿、生鮮，顯然吾家有女初長成，不必量胸徑，他在 40 年生以下⋯⋯」依諾點頭、微笑。

「大樹的木頭我們分為兩大類，一類叫白的；一類叫黑的。例如烏心石倒地一、二十年後，如果心材呈現腐爛，就叫做『白烏心石』；反之，只在周圍的邊材腐朽，中間黑色的心材卻堅硬如鋼，這種則叫『黑烏心石』，可以保存很長久，也正是我們取來建屋的房柱，是最重要的建材。住了 3、40 年後，拆遷他建時，古柱子還是要帶走，新房子再度使用老柱，1 百年也不會爛，不必做任何防腐措施⋯⋯錐果櫟、長尾柯、木荷、鐵衫⋯⋯都有白類跟黑類的分別；優良主建材如烏心石、雞油、鐵杉⋯⋯」

以功能、原民需求而有木材識別法，得以識別的，自有特定分類群（taxa）；更細微的搜索，便是腳下樹根的認識；平常置身山林兩眼平視，樹幹檢驗最少力氣，不能確定時，得由主幹往上一一循序歸納，並累積經驗與熟悉度；為求堅硬耐腐的優良建材，遂從倒木的自然檢驗，獲致二分啟示。

然而這些，整理得較好，也只是紙上談兵，實質的本事，乃在活體形上、形下無分類的鑑定法：

「陳老師，我們還可以敲敲樹幹聽聲音，用來鑑別木材的好壞與樹種。每種樹隨著生育立地、環境差異、樹齡大小、敲擊部位及方式⋯⋯而有天差地別的識別心法⋯⋯」

這不離奇，楊國禎教授在學生時代，隨著我調查南仁山區，經久累積，可以憑手摸觸覺鑑定若干樹種，我戲稱

為「植物摸骨鑑定法」；更厲害的世界級大師，例如眼盲的演化生物學者海拉特・韋梅耶（Geerat Vermeij），他只憑手摸貝殼化石，就寫了一本了不起的書《生物與天敵的競爭》。

「扁柏還可分兩類，一類為普通扁柏；另類為『藥檜』，整個我們山區只有 4 棵，其他的都不能用。取這 4 棵藥檜幹基的木材削片，一端點火，讓油脂從另端滴落。一次 3、4 滴吃下肚，可以治療肚子痛、下痢等；頭痛可擦，冬天凍傷很管用，也可治療皮膚病……」

無論是紅檜或扁柏，每株檜木都有精油，為何依諾特別強調全山區只有 4 株如此神妙？這 4 株如何鑑定？

「有次楊老師逼著我一定要講出來，我說：一千個人在操場，你可以一眼辨識出你老婆，但我要你說出她的特徵，由這些特徵教別人去找她，做得到嗎？！『一眼辨識』的功夫可以說得出嗎？！」

「好！我說，要辨識這 4 株藥檜就這樣……」

依諾將衣袖拉上，露出右手臂，比出五指鬆弛狀：「這

這樣子就是一般檜木。
（依諾先生；鎮西堡檜木園區；2015.12.14）

這樣子就是藥檜。
（依諾先生；鎮西堡檜木園區；2015.12.14）

就是一般檜木，至於 4 株藥檜，就是這樣……」依諾接著握緊右拳，右臂使勁，肌條凸出：「他就這樣，會爆筋就對了啦！」

瞬間我感受到了「神氣鑑定法」！

我曾經從布農族取火的台灣二葉松油脂樹得知，一些針葉樹若遭火燒、石頭撞擊、外物刺激或入侵，且多次承受如此壓力，往往多樹瘤，油脂濃且多，可以說，該樹蓄積特定能力及能量，用以保護自己。但因多次受到創傷，成長不易，長相經常畸變、糾結不開，或如同祕雕般的奇形怪狀。

然而，依諾敘述的藥檜只強調勁道，而不在形態！

就植物而言，如油脂、特定精油或其他次生代謝物，隨著環境不同，次生代謝物的化學性質常呈天差地別，這也就是為什麼台灣中、高海拔多次種植人蔘、當歸，最後都遭致失敗的原因。

重點不在這些實用性的神奇，而在於我們除了感官知覺的個別運用以外，更可以流轉變換各種「察覺」，而不須統合，原本就是一體地，去察知、感受、體會，以及更重要的，同「我」之外的任何生命、非生命，進行溝通與流通。

我明白依諾的藥檜辨識法，無法為別人所使用，那是活體自然心，悠遊在萬物的一眼感知，用講的很複雜，永遠講不清；用比的很單純，卻需要一套自然教育養成的素養。因此，我接下來要談泰雅人對自然山林教育的藝術。

附帶地，我舉身心全感的例證。

不久前，日本有位武士刀高手大顯身手，快速的棒球他應聲切半。這不算什麼，玩具槍比米粒還小的 B-B 彈，他

一樣凌空劈成半。美國人帶他去美國作測試，不料測試的結果，他的眼力只比一般人或平均值好一些，但不可能單憑眼力而可劈切 B-B 彈。顯然的，他的耳朵、皮膚、肌腱、毛孔、血液、神經……似乎都能連結起來「看見」B-B 彈軌跡的預測，同時揮動武士刀攔截交會。固然我們可以說他天賦異稟，但平凡如你我不要忘了，我們一生使用大腦的潛能，據說不到百分之個位數。

　　人在自然界中可以激發意想不到的潛能、感受與智慧，因為我們本來就是自然所孕育，我們的臍帶不僅只有母親子宮的一條，我相信數不盡與大地、宇宙、所有現象與非現象的連結，生前、死後都存在，何況現在！

自然山林教育的藝術
——依諾物語⑤

〜教育是沒有標準或正確答案的一種心理過程。泰雅人的長輩教育小孩，常常是捉摸不定的譬喻，所謂答案的片斷，通常只是長輩不小心說溜了嘴的多餘〜

(2015.12.14)

2015 年 12 月公視拍攝檜林傳奇前來鎮西堡的團隊，背景是優美地民宿。

此次拍攝的空拍機。（2015.12.14；鎮西堡）

　　這趟上山原本是為了公視拍攝檜木影輯，我擔任解說。事前我不知道由依諾擔任嚮導，更不知道依諾已經從我認識他時候的毛頭小子，轉眼長成耆老級人物。

　　這趟工作的人員配套可觀，包括蔡嘉陽博士的空拍操作，雙機高畫質，甚至還有一位四個月大的嬰孩同行。

　　一開始，空拍我們走進山林的一幕，然後，我們置身山徑。不知從何開始，我聽見依諾陽陽平常的語調，逐漸拉近我們的距離，然後，轉變成我對他的訪談（我隨時都備有錄音機紀錄學習），接著，我就忘卻了此行我的工作，心態上只想從依諾多聽些可愛的山林音聲，以致於原本自我營造要如何解說的氛圍蕩然無存。雖然我不能把自己解說的不上道推諉給依諾，相反的，依諾講給我聽的天籟，遠比我更適合上鏡頭。

　　為保留原汁原味，我不想構思營造，只順著我們沿途不經意的聊天，分享給有緣的讀者。其中一部分，依諾說出了泰雅自然或山林教育的藝術。

　　「我們的老人家往往在山林間問小孩，那是什麼？答不出來就直接輕敲你的頭，或嘴巴咕噥些損你的話語，包括使用有趣的反諷、幽默的比喻，就是不肯告訴你答案！」依諾無厘頭地談教育。

　　我問：「長輩不肯給你答案，你如何弄到懂？」

　　「一回生、二回熟，對不懂的東西越來越確定你已經認識了它。至於什麼名字、有何用處、何等意義或道理、因果關係、人生道理、生存或生計秘訣、神秘經驗等等，大抵是有些時候，老人家不小心說溜了嘴……」

　　「我還沒念小學前，有次跟爸爸上山做陷阱。他忙著砍木頭裝置機關，我在旁閒著無聊，隨手拿著山刀剁剁旁側的樹幹。我爸沒由來地撿起石頭砸過來，邊罵著：『你這個沒腦袋，沒事剁什麼木頭！』我一臉無辜，不知犯了什麼錯？」

　　「我心裡想著，『為什麼他砍木頭做陷阱，可以，我只是剁著玩卻不行？』但老爸不告訴我原因，在我小時候偶而就會思索為什麼。」

　　「直到我國小五、六年級，13、14歲慢慢才真正懂了，有次，老爸說：『你沒事，一刀都不能碰，真正需要時，你拿去用。該用則用，不該用時，碰都不能碰！』」

　　「瞬間，我的困惑、長久生活點滴或無意之間的觀察、累積，一下子貫串在一起了，我似乎真正懂了。」

　　「這樣的記憶比較深，因為有段時程你不斷思索！相對

的，人家給答案的，你一下子就忘光了！……」

　　其實依諾沒有講出來的，是他長期與父親的生活中，父親日常行為以及山林萬象的那一大部分，或者，像是華人所說的身教。

　　西方花了數十年研討，以及我自己多年的評比，臚列出自然人、農業人及文明人最重大的特徵或差異，其中之一，自然人對資源、能源、物質的利用，取決於當下太陽能的營造，而文明人則跨越時空數十億年，把祖先遺產及祖孫幸福都耗竭利用，只製造無法或難以分解的垃圾。

　　我化約出自然人使用資源的本質：只取當下，只當下取。而泰雅人身體力行，無須言語或解釋。

　　依諾沒說「教育」，我們只是行走林間，隨順談出。

　　「對一些脾氣倔強蠻牛的小孩，老人家說：『總有一天你會低頭的！』……」我們行經倒木擋道橫陳處，要麼你彎腰俯身，從樹幹下方鑽過去；你不低頭，大費周章、繞道也不見得過得去！

　　我想到印尼原住民的船屋（外型前頭像船首，上翹），屋門口架高、設梯，來訪者必須昂首，主人則下瞰。之所以如此設計，因為他們在鬥法力，主人藉助「上下」，增加自己的「法力」。而台灣的山林，隨時隨地告訴人們謙卑有智慧。

　　「我們爬山，一定是年紀最小的走在最前面。這是在訓練小孩對環境的靈敏度、判斷力、決斷力、感應度……，訓練你所有的感官、知覺、識覺、悟覺……」

　　「如果帶頭的小孩跌倒了，你千萬要趕快爬起來，最好吭都不吭一聲。如果你在那邊哎唷、哎唷叫，老人家會說：

『GA-Don A-Lon』，也就是『你被熊咬了喔！』，用來比喻『怎麼可能！』、『我們大家都走得好好的，怎可能你會跌倒，真是不可思議啊！』（你被熊咬了喔！）」

「所以，你在那邊哎叫，老人家過來就補你一腳；但如果你真正受傷，則馬上救助……」

「如果有小孩生性怪僻、行為古怪，老人家就說：『睹努‧睹固』，『睹固』是條紋松鼠，這種松鼠經常莫名其妙在樹上爬上爬下，『忙』得不可開交，又像是窮忙瞎忙，也不像是遊戲，反正行為就是匪夷所思。『睹努‧睹固』意即『你的腦袋不知在想些什麼碗糕！』讓人猜不透，如同條紋松鼠衝上衝下，不知道在幹麼？！」

「我們不會罵小孩：『你頭殼壞掉了！你笨蛋！你白癡喔！』我們沒有這種字眼，而只用譬喻。」

「我們幾乎沒有髒話，沒有國罵、省罵或三、五字經。我們只使用自然山林動植物或生活現象的比喻，具象含抽象地傳達……」

換方式說，至少鎮西堡泰雅人的教育是自然映像的動畫，帶給人形形色色的差異印象與啟發。每個小孩必須以心智、肉身，逕自體會並創發意義，別人不會「教」給你什麼，長輩只不斷地提供你機會與刺激。你的身心本來就是自然，自然界萬物從來互相影響、共構和諧與永續，流暢奔馳於大大小小的循環、互補、緊張、鬆弛、明暗、冷熱、動靜、安危……，自然的文化累聚在 DNA，人卻可超越 DNA！這也就是為什麼原住民常常自稱為「人」的根本原因之一。

自然教育或文化是活體活潑、自由自在、奔放且收放自

如，沒有負面情緒的汙垢累積，因而沒有不必要的惡毒的字眼。某些部分狀似斯巴達式教育的嚴苛，但在山林生活本來如此，而且，身心靈的一切，在自然界都可銜接接應與連結，以致於我實在不想多做解釋。

　　你餓了嗎？來一碗山林自然！

原民保育與誌怪
——依諾物語⑥

　　台灣的希望從來在民間，我盡可能彰顯可愛的素人。

　　2015 年 12 月 13 日在鎮西堡民宿和依諾重逢，隔天幾個小時山林內他與我的聊天，我寫成 5 篇短文紀錄。而依諾在鎮西堡默默地做了一些相關於保育的努力，以及他的若干感嘆，在此做一結尾。他如同我在山林邂逅的精靈，我只是見證台灣的奇花異卉。他，是泰雅山林自然文化的子民，他們的教育，是讓小孩逕自摸索、逢機觸發，隨同山林天地物候及生物變遷，擊發全光譜的領會、體悟與無窮的創造力，而處處散發活體的知識，以及許多靈動的生活智慧。

　　當依諾與我們認識之後，他以現代自然科學的知識為肥料，自行澆灌泰雅檜林的沃土，他的自然主體溫和穩健，他發展自家保育的行動。

　　「在馬洋山、大霸尖山腹的一個區塊，80 歲以上的耆老都說存有一群有點像是藍腹鷴亞成鳥，花花的，但沒有長尾巴，飛起來尾巴呈現扇形，短短的。我在 1、20 年前花了約 4 年時程去尋找。老人家說，牠體形較胖，像九斤雞、鬥雞的身材，因而飛不遠，大多跳躍活動，老人家使用弓箭狩獵（以前沒槍）。」

　　「我搜尋，也設陷阱，從來沒能捕獲或看見。我一直循

著祖先的記憶，卻嗅不出歷史的味跡……」

　　我看過類似的說辭，也耳聞現今外來種雜交本地種的怪異演變。不管學理，我討厭現今欠缺自然情操、沒有靈魂主體的所謂學「術」界的嘴砲，以及喋喋不休的強辭奪理。自然事實只一個，每個生命都是宇宙的唯一而不可替代，自然生界脆弱且強韌，250 萬年天悠天久的原靈已被摧毀大半，

市場上的地瓜不耐貯存；泰雅傳統品系的地瓜則經年不爛。（2015.12.13；尖石鄉）

殘存子遺的，祈求老天給予一線希望與生機！

　　依諾心中有個大夢，他想延續祖靈天地，前提是許許多多已消失、瀕危的基因務必續存。

　　「有種『狗賴（Go-Lai 或 Ko-Lai）』蜂，跟一般蜜蜂一樣大，但體色較黑，牠們築巢在地土中；牠們攻擊動物時，整群衝出來，被螫到很痛吧！多年來牠們都消失了，我一直在找牠們……」

　　「人說危機就是轉機，是也不是。植物育種再多厲害，還是比不上現今氣候變遷得快……我不斷地收集我們原有的、未曾被改良的舊品系，繁衍種實。原始的品系，我每年都固定種植與收集，20 多年前開始種植，例如我們後山的小米、地瓜、南瓜、小麥、匏瓜……」

　　「我們傳統的地瓜收成後，貯放在地窖，吃到第二年、吃到完都完好如初，不像外面賣的地瓜，放 3 個月就開始敗壞……」

　　「自然山林稀少或瀕危的物種，我採集種子，任意傳播到林床，像飛鳥的不刻意。例如黃藥，山林裡幾乎都被採伐殆盡了，我取種子隨意撒。他們不需全日照，林下可以長得很漂亮；還有霧社櫻，我曾採集到一類葉子很厚的，小苗長出時，葉片是紅色的，長大後才轉綠。有一類，花跟葉子同時長出。有一類（種）種仁（核）較大型。有 2 類（種）是花較大、很白，但枝條細且下垂。大概可分成 5『種』，老人家以前也觀察到同樣的現象。還有，阿里山櫻（山櫻花），有開花像是玫瑰般地旋轉，有點像玫瑰花未盛開之前，粉紅色的花瓣會旋轉展開，這種，很少，只有 3 棵而已……」

　　「我逐步建立我們常用植物 3 百多種的母語的名，如果遇到不知原名的，我採枝葉探問部落的老人家，10 個人當中若有 8、9 位有一致的說法，那就對了；如果我們這邊不清楚的，我就到宜蘭南澳、台中松鶴等泰雅族區，去爬當地的山，採下同樣的物種，去問在地長輩……其他，沒用途的，老人家都不管了，除非是有毒的、有危險性的……」

　　「像這種藤花椒，在我們的習俗中，不能在人與人之間存有他。我們跟同伴之間、跟動物之間（像狩獵）、跟山林之間，不可以置有這種植物，更不用說種在房子旁！因為他有棘刺，我們與朋友、家人、自然之間不可以存在有刺的東西，這樣代表隔離、孤立、自圍……，藤花椒叫做『把告』……」我想到外來政權動輒架起鐵絲網、雞爪釘，發射噴死人的水柱、催淚彈，痛擊人的警棍、電擊棒，遑論白恐時代的填海、槍斃、麻繩磨陰部虐死……！

　　依諾說的霧社櫻、阿里山櫻，究竟是 1 種、2 種、多種、生態型、變種、雜交、多倍體……，我無知，而他的「分類」簡直到達戶口名簿層級。他在做什麼，不必再加以保育、基因庫或一些「有學問」的名詞與解釋。他只是希望親朋好友家人，可以共存共榮在我們身心靈的原鄉。

　　「有個公司團體上山，他們來『宣導』環保、做善事，他們在登山指標布條上寫著『不要留下垃圾！』，幾乎每隔 5 公尺綁幾條。我們拚命拆……」

　　「有次我撞見一部數百萬名車到達，幾個人一下車，將行李箱中的洋酒 XO、威士忌，搬到一棵五葉松大樹下。由一位道士時辰一到開始作法，且指揮幾個人同時將 2、30 瓶

酒瓶蓋打開，說什麼靈氣會灌進瓶內，然後立刻關起蓋子，揹上車。他們說喝了會長命百歲！」

「還有人帶著生辰年月日刻，置放在檜木根部拜拜，還燒樹根，幸虧沒有燒起來！……」

「搞不懂呢！『睹努・睹固！』……」

「我們的年輕世代，不再像我們上山打獵，在山林曠野中生活，他們脫離了母體自然，只知利用山林開民宿、賺時尚錢，不懂付出或保護山林，所以我們一直跟他們溝通，現在已慢慢好轉……這一定要有人做……」

「大約來說，森林內的植物，男人知道得多；田間的，女人知道較多，日常生活脫離的場域，便再也親近不起來！」

「鎮西堡檜木園區開放的十多年來，入山的外人曾經有幾位完全失蹤！那些人多半自以為是。有次我帶團，有個人要自己走，我要求大家一齊較能互相照應。他說：『那你把我綁起來拖著走好了！』他說他三千公尺以上的百嶽已經爬過5、60座。結果，他永遠消失了……」

鎮西堡檜木園區登山口進來一小段路之後，便遇上一條巨石崩積的大溪溝，平常沒水。越溪溝後便遇濕滑陡坡，我1999年9月20日走過，而今已架設林務局百萬發包的棧道階梯，安全多了。未架階梯前，常有外人摔落。

「有位〇巡隊長掉下去，腳斷了。我們把他揹到部落，他還罵我們：『這是什麼路嘛！××！』我們都傻眼！還有一位跟我們說：『你們應該向政府申請經費，蓋水泥路面到檜木園區！』我不知道該如何回答，只能笑笑。……」

　　「這條溪溝依諾叫做『磨刀溪』，因為跨過這條溪溝便真正進入原始林。」

　　「3、4百年前，我們祖先還住在這裡。過溪是原始林，每到了收穫季上山打獵，就在這條溪溝找塊石頭磨刀，所以叫做磨刀溪。」

　　「這裡及周遭地形是隘口，到處都是峭壁，爬不上去的，只有這裡適合行走，只能選擇這裡上山……」

　　「上山如果不守規矩，老人家說，就像是另一種垃圾！……」

　　磨刀溪兩岸分隔山林與農業，切割自然與文明，顯然我們走到了斷裂的界面、世代的代溝。

　　憨厚的依諾及兩位同行的泰雅人對我說著遊客誌怪時，我跟他們說：「你們要創造些故事。例如夏威夷火山國家公園開園後不久，有位遊覽車司機受不了每車次遊客走人時，都在車上留下大量的火山石塊。因為觀光客看見奇特、美麗的石塊，第一個動作就是撿拾，想要帶回家。等到要下車時，一來石頭很重，二來絕對沒有在原地看到時的美感，因此，都棄置在車上。」

　　「司機撿不勝撿，靈機一動，每在開車之前，便向觀光客『前置解說』：『火山之神叫希拉，火山爆發時噴出紅熱岩漿，流瀉冷卻後，形成絲狀、帶狀的岩條，便是希拉的髮絲。每一塊都具有法力。佈滿火山園區的都是希拉的髮絲。希拉很愛美，容不得任何人帶走她的髮絲。曾經有一些人撿拾石塊回家，快則一星期，慢則一個月內，都會生病啦、遇上怪事或離奇意外，還有人一命嗚呼！相反地，你在現地觀

張輝山老師在鎮西堡培育的，無藥無肥的天山雪蓮。左：陳月霞女士；右：筆者。（2015.12.14）

賞它、禮讚它，保證你身心愉快，諸事順利⋯⋯』」

「此後，遊覽車下班後，乾乾淨淨。」

「你們的『烏杜』相當於台灣人說的『小鬼』或『精靈』；烏杜的集合體『Ga-Gar』，相當於大神明。外人不敬地私闖傳統領域，觸怒了許多烏杜及 Ga-Gar，也侵犯祖靈地，在這裡，傳統領域的 Ga-Gar 的法力超越任何外來神明，在烏杜、Ga-Gar 的加持下，你們盡可以創造從童話故事，到驚悚劇情的形形色色故事，輔佐保育，喚醒族人，連結山林生界，譜寫史詩新歌啊！」

「你們知道嗎？山林自然的法人就是你們。我在 1980

2015.12.14，檜園工作結束後，我們前往張輝山老師的農園，接受他自製天然醱酵麵包、熱茶的招待。左排由前至後：柯金源導演、張輝山老師、蔡嘉陽博士；右排：陳月霞女士、蘇振輝董事長、簡毓群導演、攝影助理謝一德。

年代末葉，代表台灣參加在夏威夷的保育研習營。在參觀火山國家公園的展覽室時，看見一個玻璃櫃，內中置有一隻登山靴，靴底凹槽鑲嵌著 3 塊小小的火山岩碎石，旁邊有一封寄自歐洲的信，上書：『親愛的國家公園執事，您好！我是〇〇〇，〇月〇日來此遊覽時，靴底無意間黏附了火山岩塊，我發誓我真的不知道，回家以後才發現。為昭實情，現在我將這隻靴子，夥同希拉的髮絲寄回。感謝您！』……」

　　2015 年 12 月 13-15 日的鎮西堡山林重遊，帶回老朋友張輝山老師種植的天山雪蓮、高麗菜，還有優脈（莊俊明）的一顆超大南瓜。我確定，這些都是烏杜、Ga-Gar 的祝福。

　　回首檜園青山，在橫跨磨刀溪不久，我們曾經翻上的稜線平鞍上，依諾在兩株高聳的「普辛（Pu-Sin，台灣黃杉）」及1株鐵杉旁，指著遠方對岸大山稜斜下溪谷的大片山腹說：

　　「那是我爸的獵場，小時候我喜歡在那邊有一條崩塌帶的砂石土地跑下去、跑上來，落差大約3百公尺深。那片獵場有鐵杉、二葉松，許多落葉樹即台灣赤楊、阿里山榆、台灣紅榨楓……」

　　「我下衝時，一旦滑落，就會順手抓取小徑木止滑。最怕一把抓到台灣蘋果的小樹，因為台灣蘋果的小樹幹上充滿硬刺，如同狼牙棒。這麼一握，至少半個月不能工作哪！……」

對岸山地就是依諾父親的獵場，依諾小時候的伊甸園。(2015.12.14；前往檜園山徑小稜線）

依諾與我在這 2 株普辛（台灣黃杉）旁，眺望他父親
的獵場，孕育他素養的山林。（2015.12.14）

　　這趟「曙光原鄉（Cinsbu，鎮西堡）」「回家」的旅程，充滿依諾的音聲，如同我數十年山中的寂靜，一經咀嚼，處處甜美！我也想起這幾年，從美國的翻轉教育、台灣一窩蜂的跟進，乃至芬蘭新近的教改強調：「教得越少，學得越多。」那麼，泰雅不給答案的天籟教育、自然藝術如何？！

北台霧林註記——雲海泅泳

2015 年底，真正入冬冷氣團的前行氣流，於 12 月 15 日早上，推進抵北台山區，在頭前溪的上游油羅溪、上坪溪以上谷地，乃至油羅溪上段、那羅溪的源頭山稜，形成濃厚的雲霧層。雲霧層之上，正是台灣人常說的，可觀雲海的地區。

我們在這天上午，從鎮西堡下山，沿著秀巒道路，下抵海拔約 1,500 公尺的宇老（竹 60-23K~21K）以下，恭逢西部雲海景觀。也就是說，雲海的上部界面，大致上，由東北向的李棟山，斜縱走至東穗山（海拔 1,725 公尺）稜線之下的西部。

這道山稜，約可算是自雪山山脈主稜「大屏風」以西，第二道攔阻降雨及氣流的主屏稜，因此，若將雪山山脈視同相當於玉山山脈，這道稜線或可視同阿里山山脈的功能，也是形成雲海的上部界。

不熟悉山區的現代人，對於上述可能會感覺不知所云，因此，換個說法：

「西伯利亞、亞洲冷氣團的前鋒，於 2015 年 12 月 15 日吹抵台灣，進逼山區，在新竹尖石鄉的錦屏村與玉峯村交界的山稜線（李棟山至東穗山）以西，形成雲海。」

「我們在『竹-60 公路』的 19-20K 段落看見西部的雲

12.15，新竹尖石鄉錦屏村上空的雲海。

2015.12.15，新竹尖石鄉竹 60 號公路 20K 前後的西部雲海。

海，在宇老部落前後，由西向東越過稜線，向泰崗溪及玉峯溪谷（大漢溪及淡水河系上游）流瀉，形成雲瀑。」

　　而竹-60公路 19K，海拔約 1,500 公尺上下的地段，正是雲海的上界。從 19K 下走，即進入雲海之中，我們行車濃霧之中。而且，竹 60 之 19K 以迄 7K 的那羅部落段落，海拔由 1,500 公尺下降至 600 公尺之間，落差將近 900 公尺的山地，完全充滿雲霧。這厚厚的雲霧甚至向西延展到頭份的上空，且南下至約頭前溪以北的地區。

　　經由這次雲海（霧帶）穿梭的觀察，教我敢於推論，1950 年代之前，台灣紅檜分佈的下界，理應下達海拔約 600 公尺；或說海拔 600 公尺以上地區，可以發現零散的紅檜，同時，台灣鐵杉的分佈下界，北台灣必然可以降落至

2015.12.15，竹 -60 公路前山雲海由西向東，越過稜線，流向泰崗溪谷的玉峯村。

海拔 1,500 公尺，甚至更低的山稜。有趣的是，代表亞熱帶
的黃藤，的確只見於那羅往下的山區。

　　事實上，南、北勢溪流域，過往台灣紅檜曾有海拔 620
公尺的紀錄，足以驗證我的推論。簡單的說，台灣雲海霧氣
經常籠罩的部位，正是檜木的潛在分佈地。檜木林帶又稱為
「霧林帶」。

　　又，台灣東西部的雲海，一向是西高東低，以南橫
為例，雲海的上界，西部較東部高出約 200 公尺上下，
相對應的是，紅檜分佈的最高部位，西部高出東部 292 公
尺；紅檜分佈的最低海拔處，西部高出東部 58 公尺。因此，
以檜木為指標，我推測南橫東西兩側的雲海厚度，西部多於

東部達約 230 公尺!

　　但，穿越北台雲海見證的 12 月 15 日，下午約 5 時，中國霾害夾雜於氣流中入侵台灣!

氣候變遷中的滅絕

　　阿里山森林遊樂區，正在上演氣候變遷的大滅絕現象已近尾聲，遊客不知道，主管當局在睡覺，國家龐多研究計畫很安靜，但不知有誰瞭解國土鉅大變遷的實際內涵？大約明年以降，前往阿里山的人，再也看不見過往檜木林下，密密麻麻的玉山箭竹了！

　　這是天大的訊息，已經進行了至少 11 年以上了，台灣人真的是：「怎麼死的都不知道啊！」

阿里山森林遊樂區林下全面死亡的玉山箭竹，上部即開花後枯褐的花稈。(2015.9)

阿里山森林遊樂區棧道旁開花死亡的玉山箭竹。(2015.9)

2004 年 12 月 6 日我在阿里山區小笠原山稜線上，發現林下的玉山箭竹開花，當時開花的植株僅占約百分之 5，隔年 5 月，開花植株開始枯死。

2005 年 3 月 4 日阿里山區怪異降雪；5 月，往年發新筍的現象銳降，只及過往的 3 成以下，或說老化現象顯現？

2005 年 5 月 17、18 日，我由自忠走下特富野古道，在 6.32 公里長的步道兩側，不論是柳杉或紅檜人造林下，乃至天然闊葉林下的玉山箭竹，龐大面積或近乎所有的族群，不是盛花中，就是已然全面枯死。又，阿里山森林遊樂區大門口以下的林下，玉山箭竹一樣盛花枯死中。也就是說，2004、2005 年間，海拔 2,100 公尺以下地區的玉山箭竹已趨全面死亡。

此等全面死亡的現象，至 2014 年已然往上發生。

2015 年中，全阿里山森林遊樂區的精華區域，林下的玉山箭竹開花後枯死。2015 年 9 月 3 日，我沿遊樂區步道檢視，幾乎全面枯乾且花稈枯褐殆盡。

準此速率，隨著大氣候變遷或籠統所謂的地球暖化，以中台灣阿里山區為例，平均而言，我粗估玉山箭竹族群全面死亡的現象，在不同山坡面或不同林型下，10 年來，海拔

高度挺升了 200-300 公尺，或說一年平均上移了 20-30 公尺，這是很恐怖的數據。如果持續上延，估計 10-20 年間，全阿里山山脈（大塔山頂最高點 2,663 公尺）的玉山箭竹勢必完全滅絕，或說檜木林帶林下的組成幡然大變。不只是阿里山，全台各地已然發生。

此一死亡面向的生態意義或涵義如下：

1. 我在 1970 年代證實台灣生態帶往上及往北遷移，從 1990 年代之後，轉變為劇烈，2010 年代已然白熱化，但願往後趨緩。

2. 森林在正、反方向的演替，以林下組成為先聲，代表接下來是林型或森林社會的大轉變。也就是林木的死亡現象，或將難以預料地連鎖發生。

3. 今後，除了林木死亡或衰弱的過程中，很可能併發系列疫病，包括昆蟲、真菌、細菌等菌種的突變與猛爆發生疫情，而無能預防與處理。

4. 森林生態系的瓦解（解構）必然伴隨地體穩定度的衰退，未來水土保持、林地保安的能力勢必大大降低，配合天候、氣象的極端化，台灣山地愈趨脆弱，各項土地利用的風險程度必然大大增加。

5. 其他複雜相關的變數，例如外來種等（略）。

我們該怎麼辦？

1. 2016 年之後，台灣山地（乃至連鎖以降的都會平原、海岸地區）危機或風險的不確定性，必將猛然翻升。切忌進行傳統造林種樹及水土保持工程等施業，否則，數十年來「有良心的做

錯事、善意地做壞事」，其負面效應或連鎖惡果必將難以逆料，而國家社會成本恐將付出恐怖的代價。

2. 各個海拔生態帶的次生物種（例如台灣赤楊）、松類、低海拔許多次生先鋒樹種的生態區位（或地位）必然擴大或提高。建議各層級林業單位，切忌因造林、種樹而傷害、剷除這些天然次生林木，最好停止造林或所謂的種樹，否則，但只提高造林死亡率，以及林地的二度、三度……傷害。

3. 全國各相關研究單位不僅該早日進行本土生態研究，更該整合為防災及長期變遷的前瞻性措施。從 1990 年代以來，林林總總的長期研究報告，總該向行政院提出總報告，以及研擬種種應變計畫矣！（註：每年鉅資研究案，總該提出具體對策了！否則，人民納稅血汗錢只在餵養一堆既得利益的私益而已！）

4. 2016 年以降，相關保育、保護法規必須朝向更嚴格把關的原則去修訂，彌補近 8 年來的逆天而行！

5. 自然生態認知及價值觀的改變，近 30 年來的發展甚為遲滯，民進黨的從政者的知識嚴重不足，若權力核心不重視此區塊，台灣環境生界只會每況愈下，不僅不可能伴隨政治環境之改變而轉好，反而將更加沉淪。（註：因為權力轉移，必連鎖帶動相關產經版圖的競爭，而生界環境的傷害必將加成擴大，過往經驗皆如此顯現）

6. 國人的生態認知、環境知識必須加速本土化、自然化。否則一切必將更趨惡化。懇求國人傾聽土地自然生界的聲音吧！

靈魂與大氣——名詞系列①

10月底以降空汙很嚴重，它汙染的不只是纖毛、細胞、呼吸道或相關生理，它早已影響我們的情緒、心思、心理，甚至潛意識之下的靈魂。

這樣說並不是過度渲染、誇張，只不過是因為現今大多數人類，時代思想的典範是科技理性，凡事講不出「數據」，或無法以數理邏輯清楚表達的內容，便被擱置一旁、存而不論，甚至被視為無稽、荒謬，從而排斥。

大約從 1950 年代以降，西方開始反思環境問題絕非僅止於表象的影響，但得遲至 1990 年代，才算正式提出「生

台中空汙夕照。

乾淨大氣中的夕照。

態心理學」這類名詞及內容，在日本則大談「環境荷爾蒙」
對人類產生莫名其妙的暴力或焦慮。

　　事實上，1990 年被英國一些環境科學家視為氣候變遷
影響生界的轉捩點，而我在台灣數十年的生態（植被、植物）
及環境災變的調查，很恰好地，不約而同，也將 1990 年看
成台灣生界、生態體系走向淪亡、滅絕的分水大嶺。

　　空汙是人造毒物、各類物質顆粒直接影響人體健康的說
詞或現象，它造成，也隸屬於氣候變遷的一環。工業革命以
來，人類直接介入全球變遷的主導者，科技文明帶來人類物
質享受的大解放，更放縱成長無限、以科技解決科技的迷
思，大家相信工技理性的無所不能，且拚死拚活捍衛這些迷
信，無論環保運動如何苦口婆心或劇烈抗爭，無限發展及科
技主義始終屹立不搖，從未鬆動其銅牆鐵壁，因為這套主流
價值觀都是透過從小教育的洗腦，並對慾望進行偏頗引導。

　　我從事環境運動、保育抗爭大約 30 多年，也漸次自

1990 年代轉向根本教育面向投入。2008 年以後，幾近退出第一線的抗爭活動，而專心於漫長的基礎教育事工。而教育工作不計任何成本，更不考量功利或成果，寫文章、做廣播、演講等等，調性同一。

本短文等系列，採用單一名詞溯源解釋，簡約明白，用以符合新世代閱讀習慣，內容則偏向過往被認為是唯心論、宗教，或神秘主義的東西。先介紹大氣（層；atmosphere）與靈魂的連結。

大氣（層）英文的字根，源自古老的梵文 a'tman，大抵是在 6 千多年前中亞游牧民族雅利安人即已存在的概念。6 千年前以降，雅利安人朝向西北大遷徙，進入歐洲，開創歐洲文化；另支雅利安人則朝東南挺進，變成印伊民族，形成波斯文化，且在約 3,500 年前以降，再分股越過開伯爾（Khyber）山口，入侵南亞印度河上游的五河地區，開創印度文化。

換句話說，6 千年以前的印歐民族的 a'tman，經由拉丁文及希臘文等在歐洲的語言演變，最後產生了英文的 atmosphere。或可以說，英語系的大氣，至少保留了原古人類的靈魂、靈氣、心靈、意識等等的相關概念。所以隨口一說，空汙是玷汙靈魂的行為。在此稍加解釋 a'tman。

「阿特曼 a'tman」大約等於英文的「靈魂 Soul」，但梵文及英文的實意實在不大一樣，說是約略相當而已，就像英文找不到等於中國人的「孝順」一詞，英文實在沒有完整 a'tman 的用字。西方人多將 a'tman 說成 soul，也就是智能 intelligence、理性 mind 及心 heart 的集合體。

　　以現今印度修行人的概念而言，a'tman 或可翻譯成「自性本體」，或「個體意識」，但本文的「意識」兩字，並非我們一般認知的意與識！本文所書寫的「意識」一詞，就是「自性（梵文 Jina'na 或 Caetanya）」，它代表有某些東西的存在，卻無法想像它有任何形體或狀態，它，只能藉著冥感內溯去察覺而已，某種完全抽象無形的「東西」，用文字、語言勉強之形容為對它的「概念」而已，中文說成「指月之指」永遠不是月。

　　要讓今人「理解」a'tman、靈魂、自性本體、個體意識、意識、自性等約略相通的名詞，我舉六祖壇經的故事，讀者大概可以知道其何所指：

　　禪宗五祖弘忍選擇一個夜深人靜的時段傳法給六祖惠能。所謂的「傳法」或傳心法的方式，只不過是念著《金剛經》文給他聽而已。當五祖念到「應無所住而生其心」的瞬間，六祖突然好像被雷電擊中般開悟了，忍不住叫了出來：「想不到『自性』本來就是清淨無穢的！沒料想到『自性』就是不生不滅的！天啊！原來『自性』原本是具足一切的！原來『自性』從來都是寂靜不動的！啊！原來就是『自性』產生萬象、萬物的！」

　　這裡的「自性」很清楚地表達了是一種「超塵（物質）無染、不生不滅、一切具足、寂靜不動，卻可創發或想像出萬事、萬物、萬象」的意識或靈魂，但「它」並非我們一般所謂的「心靈」，而是別於所有我們感官、思想、意志，任何起心動念的一切之上，那個純然獨立的靈體，也就是自性本體本身。

　　也就是說，靈魂即不生不滅、無始無終（沒有開始的點或根源）、無因果的「某種東西」！它毫無一般心靈的受、想、行、識、意等，人死後只剩靈魂、靈體或意識本身，無論你一輩子學了多少偉大的知識、技術，靈魂（自性）一點都不會帶走或沾黏，更不要說是等而下、形而下的金錢、財富、榮華富貴、任何成就或所得。

　　如今的空汙，竟然可以沾染大氣意識、靈魂，直是不可思議，而神、佛、靈俱汙！嗚呼哀哉！

大肚台地的生態考察註

　　以因緣故，逢其時。筆者適以二十餘年大肚台地住民的身分，恭逢 2014 年以降，我的學生、環保界的朋友們發起「反中科擴廠運動」；環團控訴中科擴廠「摧毀 53 公頃原大肚山彈藥庫森林；砍掉 15 萬株以上的樹」；「規避政策環評，二氧化碳排量、用電、空汙堪慮，用水，有害廢棄物等，評估不實……」並付諸司法控告，且遊行抗爭等等，關

2015 年 5 月 30 日，筆者勘調中科台積電擴廠基地。

中科擴廠基地的相思樹林。(2015.5.30)

懷生民暨世代，兼顧自然生態與環境保護的義舉善行令人動
容。而我以此面向老兵的角度，總該聲援力挺。因此，2015
年 5 月中我致電楊國禎教授探詢：「大家抗爭得轟轟烈烈，
有沒有擴廠基地的植被生態實際調查資料讓我參考一下？」
他答未曾入內調查，但有空拍。於是，我拜請楊教授聯絡，
我想去勘查。

　　2015 年 5 月 30 日中午，經楊教授接洽後，我與楊教

授、助理湯冠臻前往台積電擴廠基地大門口，而台中市政府郭坤明副主秘、中科管理局施副局長、台積電陳鏘澤副處長、老圃造園公司蔡再益副總經理等多人陸續到來，會同我們踏勘基地，全程談話錄音，回來後再轉為逐字稿。

勘查過程中，我與楊教授調查4個樣區，3個是相思樹優勢社會、1個大黍優勢社會（高草生地），整體研判，基地植群沒有原始（生）植物社會，盡屬人造林之後的不同階段次生演替中，但組成物種含有珍稀或特殊生態區位的天料木、狗花椒、白背釣樟、庭梅等。此間，筆者的見解或發言摘要如下：

1. 基地植群乃過往人工種植的相思樹林，以及樟樹、果樹、其他失敗植栽等，自然生長、次生演替而來，時程約在15-20年或上下。部分相思樹可能曾經遭受砍伐後，再度萌長側幹而來。

2. 特定物種的存在，比較可能是原生植被完全被摧毀之後，在特定土地利用的模式或週期之下，反覆營造的環境效應（干擾、破壞、植栽、收成、次生演替、立地條件、機緣等）所產生的暫時性存在。而大肚台地目前存在的珍稀物種等，實乃三百多年來，不同族群、政策的變動性土地利用或施業，以及自然營力（有機與無機）下的時空生界。此等生態系大抵具有高度變動性的特徵，且穩定度偏低，或偏向於特定類似週期循環所產生的狀況。

3. 為瞭（理）解大肚台地生態系的內涵，可由針對指標物種（最佳狀況則是全數物種）的個體生態探討之，解讀其生態區位（niche）或生態特性，也就是由分析與整合角度切入。

4. 任何試圖關懷生界永續發展的作為，應以至少恢復部分原始自然生態系為目標，因為極相社會（climax）代表特定地區在氣候、地文或環境條件下，天演最成熟、最完整的生態系，確保自然生物歧異度（物種多樣性）、地體安定程度、水文系統平穩等永續的客觀要素。然而，大肚台地的頭科山地層、間歇地震、乾濕替換的年週期、颱風豪雨的間斷性外在壓力、人為有意無意引進外來物種、火燒頻度、白蟻地中王國的消長等等複合交互影響，即令原始時代，大肚台地必然也是多個系列演替階段的社會鑲嵌，物種族群的大小與時俱變。也就是說，復育天然植群必須包括各種時空系列，用以提供環境變遷下的，環境生育地及物種基因池的多樣性保育。

5. 原始（生）植被及植群的推估，可依目前四鄰相似的生育立地的原生植群為基礎，例如大坑、三義火炎山，可惜八卦台地的原生植群已消失，否則，若依氣候變遷近 40 年來的大趨勢：上遷及北進（ef. 陳玉峯，1995-2007，台灣植被誌系列），則南部的植群實乃近十、百年後的重要引據。

6. 大肚台地的保育，必須考慮其與台中市、中部地區及全台灣等各級相關，或立體有機變動性的連結，例如氣候變遷的暖化作用主導下，海岸及台地物種北遷，勢必由下游遷往較中游的，足以跨越隔離機制的最小距離，以大肚台地及八卦台地而言，此一廊道至少或約在和美至王田，甚至到達烏日或霧峰、草屯之間；以大甲溪之隔離大肚台地與鐵砧山台地而言，此一廊道或在清水與神岡，甚至抵后里、豐原。

打個比喻，有南北高速公路直接跨越河谷、河床固然為

佳，若無直接橋樑跨越，則藉助東西向道路，同樣可以
跨越，或打破地形的隔離機制。

　　同理，由低海拔往高海拔，或相反方向的遷移或傳播，
豐原到名間早已徹底都會化的台中盆地，百年來已形成嚴重
的隔離機制，甚至接近完全阻絕，因此，今後的連結廊道的
最佳選擇，必須是同時可提供南北，以及東西向的連結帶。

　　7. 大肚台地本身不僅是海線地區的屏障，也是台中盆地
的根本「護龍」，其在國共內戰期間的戰略地位，乃海峽大
戰的司令部指揮地之一，更有遠東第一大空軍基地，甚至擔
任美國越戰的轉運、休閒、補給重鎮（所以才造成台中市是風化城
的主因）。如今，早已成為台中盆地綠肺、空汙（台灣中部及來
自中國的越域汙染）的攔截機制區，套句俗話，正是風水地理的
保護帶，然而，過往的政權完全漠視也欠缺生態思維，1990
年大約是潰決的分水大嶺，今後的亡羊補牢亟需引進跨越時
空世代的知識、概念與策略，且針對工業區設置在此，必須
由地方到中央，尋求長遠補救暨防範的新措施。

　　8. 環評是消極的底線防線，只針對開發基地，下達影響
大小的多元專業判斷，卻欠缺整體論（Holism）理想與積極前
瞻的思維。政府的責任在於照顧全民的各種正義、環境的保
安、健康之外，更該跨越世代。過往台灣公權沉溺在「無限
成長」、「經建第一」、「人定勝天」的現實與迷思，1990
年代以降，即令一切盡屬消極、後手的措施，前瞻、超越性
的理想、理念還是要揭櫫並不斷嘗試去實踐。

　　台積電乃世界級產經企業有機體，不妨藉此基地，拉寬
時空格局，引進自然生態知識、資訊，培育鄉土認同的在地

化，態度上扭轉消極為積極，且打破基地內外的囿限或框架，主動出手理想性的嘗試，協助大肚台地暨相關各層級國土規劃或土地利用的正面改革，以大肚台地約 20 年的經驗成果，向全國及全球推展。

9. 筆者 40 年台灣山林調查研究，向土地天演學習的些微經驗心得，無非但求善盡渺小個人的天責。無論草根民間、產經企業或公權公職，若能在態度、認同情感或策略面向，有一公約數或共識，筆者願意盡心盡力提供能做、該做的事務，共同朝向積極正面方向邁進。

10. 台灣社會文化的變遷，已然進入全球多元文化薈萃的試驗地，民主、自由、競合與共生的新演化，必然不斷地蛻變與創發，保育、環保或任何弱勢公義運動也將進入嶄新的階段。筆者認為，熱帶雨林自由複雜的共生系統或將是大趨勢，社會各行各業各層級的溝通、流通是必要的前提。本研究（書）或可提出些微原則及專業（植被生態）規劃的若干準據：

A. 依據筆者數十年植被生態研究的見解，北進及上遷是今後的大趨勢。台灣低海拔地區已朝向熱帶化變遷。任何規劃必須考量氣候變遷、地文條件的時空變化的種種原則。

B. 極相社會（climax）是植群（植被、植物社會、特定物種）規劃的總依歸，在上述 4-7 項的探討或考量下，盡可能推估、模擬出大肚台地的極相社會，也就是所有生態綠化、復育、保育、國土或環境保護的總依歸。

C. 大肚台地等都會丘陵、台地，乃台中都會等地形保護的先天屏障，最好依水平（海拔）區劃上、中、下三條復

育原始林的生態帶，同時也是南北、東西的生態廊道。

　　D. 建立大肚台地原始植群可能的社會結構及組成大概，乃本研究（書）的基礎，另對各重要物種，調查、歸納其生態區位資料庫為另一重點，再者，嘗試提出復育天然林（建立水平生態保護帶或生態廊道）的標準方法或技術，是即本書（研究）的工作。

　　E. 相關硬體工程（無機）部分，本研究（書）則依據百年台灣山區、山坡地的若干經驗，提出些微概念或建議。此乃因為台灣特定颱風豪大雨及地質、地體條件，山地道路首重「排水分散」的大原則，宜以切割化的硬體再組合的做法，代替大型連體大工程，是可戲稱為「微積分原理工程」。

輯二

生活

米香

　　日前各地的一期稻作紛紛收割，我收到兩位朋友寄來的米包，看著粒粒珠璣，我心滿滿喜悅，彷彿嗅聞到了米香，以及太陽的味道。

　　不是濫情、不在物質，我總感懷、感恩於這些來自土地的賜福。只要接到朋友寄來的農作、手植物，不由自主地，腦海會浮現他們從整田、插秧、除草、望天、收割、打穀、曬穀、包裝、郵寄，以及叮嚀，過程中一幕幕的汗水涔涔、心情及表情的陰晴動畫！

　　每口米飯下肚，可以連結到屬靈的原鄉。

　　今天接到的「五分米」，註明第 5 年不施農藥與肥料，是採用水稻與豆科植物輪作，用以維持地力。兩包米間夾著一張小紙條：

　　　老師：
　　　今年的米，雜草多了些。
　　　農夫老了，沒力氣除草哩！
　　　偉華　2015.9.1
　　　Ps.請先食用拆封過的那一包，因為要把空氣放掉，
　　　　才能裝入紙箱，不好意思。

　　一年偶而幾次，接到屬於土地質樸的訊息，溫馨久久，這叫做幸福！

13
禮、義、廉、恥

　　伴隨著高齡 93 及 90 歲的岳父母，環繞阿里山森林遊樂區大半周散步，旁側黑壓壓的「426」，鬧烘烘的高分貝光怪陸離。有時，我們乾脆與車爭道，只為圖個清靜，找回阿里山林的一絲氛圍。

　　我們來到神木站候車。初時沒什麼人，很快地，潮水般的 426 蜂擁而至。我希望老人家有座位，我們先往車廂門的

月台站。不料，一堆 426 就歪雞巴拉地插隊，我們相顧沉默。

　　列車來了，426 爭先恐後。我們上了車廂，兩老安頓了座位，我在對面幫他們拍照，我站在橫座前拍。突然兩個大屁股大剌剌從我兩側高壓而下，我有點兒惱，猛然下坐，頂回去。瞬間一閃：「幹麼？才不過是 7、8 分鐘車程！」我離開座位，站在兩老前，繼續為兩老拍照。

　　到站了，我跟岳父母說：「先讓他們下。」426 走光了，只剩一位年輕人杵在那邊看我為岳父母拍照，因為這時才能拍出清靜的火車車廂與兩老。

　　年輕人笑著說：「來，我幫你們一起拍！」

　　所以，我跟岳父母合照了一張。

　　我們下車。

　　年輕人說：「我很感動。我們大陸早就沒什麼禮、義、廉、恥、孝順……，看了你們，我很感動！」

　　我也回報以微笑，心想，「我們只想當個人而已，沒那麼多偉大的名詞。」

兼課

先前在東海大學每學期都兼了一門課。去年我去成功大學專任，人事室一年至少發了 5 次以上的電子信，警告專任老師除非有特別理由，且必須事前報校長室核准，否則，不得校外兼課；否則，議處。

（吳欣芸繪）

　　上學期東海通識還是要我兼一門，我說請你們去函成大。

　　東海發了函，我上簽呈。學校打回來；還附上「校規」紙本。

　　我在簽呈上加註了一段文字：

　　「本人完全依規定簽呈，且上課學分充足。本校當年制訂不得兼課法規的校長，現在是東海大學校長。今由東海大學校長發函給成大，要求我去兼一門課。」再上擲。

　　結果，簽呈下來了：「你們系上自己決定。」

　　所以，我上學期繼續在東海兼了課。

　　今年，我不要兼了。這種政府、體制，任何公共行政政策，但只8個字：「事看誰辦，法看誰犯。」

　　過去心、現在心、未來心皆不可得，也就是三世俱捨。我無心無念！

15

急診室內

　　生平首度進了急診室，原因不光彩，因我涉嫌以兩隻腳，大型哺乳類動物的身分，被 6 隻腳的迷你昆蟲擊倒，枉費我四十年山林行，跟自然界無數野生物纏鬥的內力，瞬間破功！更慘的是，「羞辱」才正要開始。

　　被問過呈堂證供後，右手腕被綁緊一片狗名牌，然後發配作系列檢查。

　　照完 X 光，轉心電圖。護士小姐要我躺下來，她在一台像收銀機的箱子拉出多條線，端點貼在我額鬢、胸口、腳踝上……

　　「聽說你去台南〇大上課喔？！我是台南人，我媽曾去〇〇醫院，我很討厭那家醫院喔！……」怪怪，這是哪門子話匣？我問：「理由？」

　　「太官僚！」她話都還沒罵完，檢查已結束，我不確定機器到底插電了沒？

　　接著轉檯子到抽血站，抽血護士技高膽大，瞬時抽了我 4、5 筒，順便膠帶一黏，轉接點滴袋，鋼柱上像肉粽堆的塑膠點滴袋予我印象深刻，似乎只消進入急診室的人，即時強迫佩掛一袋。

　　另個護士抓起點滴袋，我只能跟她走。她讓我想到牛

頭、馬面。

點滴袋護士帶我到一張病床前，那張病床上，張掛著一頂嶄新的、水藍色的蚊帳。「進去休息啦！出來上廁所，5分鐘為限喔！」我乖乖地窩進去。

沒多久，銅鈴聲護士來了：「對不起喔，剛抽血時少抽了一筒，現在疾管局來電，再抽一管通報送驗。」

當銅鈴聲護士鑽進蚊帳，抓起我右手時，還嚷嚷了一句：「唉——唷——，還真浪漫哩！」什麼時代啊？連我這種老豆乾也要吃！

接著，我想可以好好躺下來，對抗那催命符般的偏頭陣痛。然而，急診室具有永恆吵雜的調性，安靜毋寧才是怪事，娑婆世界的任何荒謬，都可在周遭穩定進行著，它是最佳道場。

「呵呵呵……登——革——熱！嗯！哈！」我聽見一步一蹭蹬的嘲笑聲，忍不住睜眼一看，原來是個衣衫邋遢的老婆子，拄著點滴筒，一步一音節地從我床邊經過。我想我帶給她的快樂，療效勝過2筒點滴吧！

好不容易靠著「普拿疼」的藥效，我入眠了約個把鐘頭。隱約中遠處傳來病患家屬的閒聊聲：

「那一床就是啊！罩著蚊帳的那一床啊，看起來像嬰兒床的！」還好，幸虧接下來我沒聽見加上這麼一句：「只差少個奶嘴而已！」

事實上，我待在急診室大約30個小時的過程中，聽最多的是各式各樣的哀號或呻吟，三更半夜也聽到狂吼亂叫聲，都是男性的耍賴。一次豬吼之後，護理人員就成排站出

於走廊，也會迅速地消失，一切司空見慣，絲毫沒有新鮮感。

有的急診室患者看來沒怎樣，親友一大票噓寒問暖、百般呵護，難怪有些小孩喜歡「生病」，畢竟一生病才能「三千寵愛在一身」啊！

一位護士對著獨身男下命令：「要進開刀房了，打電話叫你家人來啊！」男子答說：「沒電話。」護士不得已撥起自己的手機。

不知打通了沒，我又聽見護士吆喝著：「褲子脫下來……」

「看清楚喔！你的褲袋裡只有一把鑰匙，沒有半毛錢喔！你，看清楚聽清楚喔，沒有錢喔！……」顯然地，這護士是識途老馬，什麼無賴事都閱歷過吧？！

我的耳根裡充斥著各種聲浪，從救護車的尖銳，到人死前的幽幽飲泣，好像層層套疊著許多平行宇宙，在此交會、運轉，虛無飄渺、如夢似幻，太真實的生命萬象，以至於只形成一種絕對的安詳。我搞不清是夢、是醒；我也不確定我是不是病患。

三餐時段就會出現一部小餐車，有氣無力地叫賣，而且只是例行公事；時候到了，一切總是行禮如儀？

急診室、手術檯必然存有一整套 SOP，一切必然合情也合理。我在急診室 30 個小時無可挑剔，我只有一個困惑：

吊點滴的鋼柱，為什麼都製作成 4 隻腳或 5 隻腳？依據化學鍵 SP3 或幾何結構，3 隻腳不是重心最穩、最不易傾倒嗎？

　　也許，除了物理、化學原理之外，人心總是期待多出一、二隻支撐的力量或假象來安定內在？我，真的不——知——道。

16
鑽戒與石頭

　　很多上了年紀的人短期記憶很差，隨說隨忘。高齡近90的岳母也不例外。

　　有天，岳母拿了一大疊鈔票，說是要去銀樓買只鑽戒「乎（給）玉峯」，我們都覺得很意外，更不瞭解她的念頭從何而來。在娘家的太太來電告訴我：「後來我們就出去吃飯，再去……，後來她就忘了這件事……」我回說：「哈，我好高興，下次媽再提起時，妳就跟她說，已經買了，而且玉峯已經收到了，也說玉峯很高興、很感激，謝謝她！」

　　不料這件事岳母沒健忘，晚上又帶著那疊鈔票，堅持出去買鑽戒，兩位子女只好陪她上銀樓，精挑細選去，接著，來電要我去台中的銀樓套手指，看是幾號規格。看來，鑽戒我是有定了。

　　11月2號太太載著岳父母來台中，要下車時岳母喃喃自語地說：

　　「我看這只鑽戒還是不要給玉峯了，鑽石太小粒了，我還是換粒較大的……」

　　餐桌上，太太慫恿著岳母把鑽戒拿出來，岳母還是很遲疑與靦腆！

　　我說：「媽媽，我要，大小、價格不重要，要大的我們

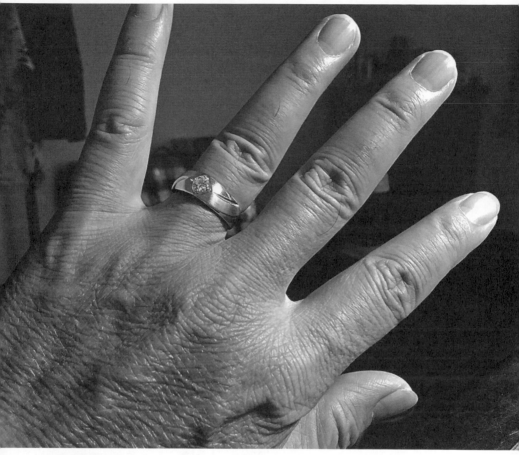

岳母送的愛心戒！

去撿石頭，要多大有多大，最珍貴的是媽媽給的，比任何東西都無價，我好高興，謝謝媽媽！」所以我的無名指上，就掛上這只愛心戒，溫暖、澤潤！

　　這麼一大把年紀了，還有來自長輩款款的祝福，我只能想著如何帶給年輕世代更大的力量與希望。

17

朋友！

　　活了這麼一大把年歲了，我一樣在質疑從小到今，生命一切的內容或意義，而且愈是大家習以為常、理所當然的東西，我愈是困惑。我學習愈多愈沒學問、愈無知。然而，我看到大部分的生命好像愈活愈武斷，愈是接近生命尾端的人，愈是會拿一大堆自欺欺人的東西來自我安慰，例如社會地位、名望、財富，或者所謂的成就，等等。當然，某種程度以上我尊重，且相信每位有所成就的人，絕對值得尊敬，其在社會上也都普遍受肯定，但我談的是一種人對內在的自己、人與神、人與宇宙、人與靈魂的關係。

　　如同生物學的大原則之一：一個個體的資源、能源，不可能被另一個體所使用，除非他吃掉了他。心性、智慧也一樣，每個人只能自作自受、自己承擔，沒有轉換器，更沒有秤斤論兩的贖罪券、福德或功德可交換。

　　年輕時數十年氣盛，總以為自己是「天公仔囝」，行走山林險地、社運衝撞，理直氣壯、神鬼護身，啥米攏毋驚。8、9年前大轉折，自我反省：一無是處、面目可憎。而因緣湊巧，教我走進蘇董的內心世界，所以也就有了今天我們在這裡，分享什麼叫做「朋友」。

　　天空中出現 2 個完全一樣的月亮叫做「朋」，延伸出

「同類」叫「朋」；而有相同的志趣或「同志」叫「友」，也就是性格近似、人格相類，而志同道合的人叫做「朋友」。「朋友」是個中性的名詞兼形容詞，沒有好壞、正負的分別，因而「朋」這字，還常見使用在不好的動詞或形容詞，例如「朋比為奸」等於「狼狽為奸」；「朋黨」、「朋比為私」等等。而今，只要是「要好」的人，通通叫「朋友」。

　　而蘇董對我來說，這個朋友最大的特徵，最可貴的地方，在於一、二十年來我們只要看見彼此的缺點、執著、偏頗，我們就會相互提醒，不必擔心有任何隱瞞、忌諱，但我們多半只是輕描淡寫、點到為止，根本不必露骨或出清。也就是說，我們相互做到了坦誠、尊重，沒有任何芥蒂或

忌諱。我們做到了看似稀鬆平常，卻是委實不易的平等心。

人世間這樣的朋友可能不是很多。

因此，蘇董有多好，不必我讚美，我只說平常話。我從他家族過台灣迄今十個世代，很可能比蘇家任何人都還清楚哩，因為我花了四百年的追溯，我才釐清蘇董的人格底蘊，可是那些內涵太深沉，我只說小朋友也可理解的部分，蘇董的「情」太濃稠，卻很不會表達，更不容易口說。

問世間「情」何物？「情」字就是內心不斷長出新綠芽、綠葉，取義於豐富的綠蔭，不斷地滋長、庇蔭、造福周遭的一切，也就是慈悲、大愛與無條件的付出，而內心不留痕跡。

幾天前在網路上看見有人引用了紀伯倫的一段話：

> 如果有一天，你不再尋找愛情，只是去愛；
> 你不再渴望成功，只是去做；
> 你不再追求空泛的成長，
> 只是開始修養自己的性情，
> 你的人生，才真正開始。

我完完全全了然紀伯倫在說什麼，放在蘇董身上更是恰如其分，但是東西方文化還是有所差別，以台灣人的情懷，最後兩三句我會將之改寫為：

> ……你不再追求空泛的成長，只是如實自在，
> 你的人生，就可以是本地風光。

　　我們一向就是如此的平淡，偶而也會想起，這就是一種幸福。然後，我們也會反覆相互質疑，因此，今年中，蘇董兩次問我 60 歲的況味，我就打電話給楊董，乾脆就找這個藉口大家聚一聚。因為楊董熱情四海，所以由他張羅這個音樂餐會，我呢，就把今年的廣播，借花獻佛，提前為蘇董慶賀一甲子歲月的痕跡。至於明年的大壽，留給蘇董子女及天倫。

　　現在，就讓我為蘇董獻上永不凋萎的一把鮮花（《廣播側寫》新書），附帶的，告訴大家這本書最有「價值」的一張圖片，也就是 343 頁的「玉山薊」，它是新台幣一千元券背面左下角圖案的「正身」，分享給所有的朋友留念。

　　就我而言，隨時隨地隨因隨緣、任何起心動念的當下，如果欠缺足夠的反省力，則相當於半個活死人，而朋友很重要的一部分，就是防腐劑！

18
不是「我的」錢！

　　很多很有錢的人幾乎長年無所事事，只是吃喝拉屎卻日進斗金，無論他賺錢的機制是過往打拚創出的，或是莫名其妙的傳承或反正絕非他這個人的心智、努力所獲致，無論如何，絕大多數人不會或不願去思考，事實上是整個社會制度、國家強制力量，在維持、保障他的一切。同樣的，所有

蘇董的演講。（2015.10.24；新塭國小）

蘇董的 Q and A。（2015.10.24；新塭國小）

的天差地別，不管能力、機運、打拚付出、生辰八字等等一大堆知與未知的原因，決定了不同人的不同「命運」，事實上，也正是這個社會制度、國家政策在剝削、奴役許許多多不幸的弱勢。國際間亦然。

　　因此，改變制度、政策之結構之惡，或依理想、理念從政是必要的，這也是年輕世代投入政治改革的必備認知！然而，除了此時、此地、此人、此事、此物之公義變革（新變革也一定產生新不義）之外，世代及跨境公義（全球生界及時空變化）必須一併列入理想與思辨。

　　此外，文化、價值觀系統的變革毋寧更是根本，也就是全球人類、人性對資本主義、國家功能等體制的總檢討與革

新。然而，在台灣，我們還多了一項千年皇權帝制奴隸文化的禁錮，善惡的鬥爭恆無止境。但台灣也多了一項傳統優良的禪文化，撐起台灣社會內在結構的穩定，多年來我稱之為「無功用行」。

「無功用行」根植於洞燭一切人性的虛妄，直逼靈魂本體的證悟，甚至連證悟也不知道，它不是宗教，也可以是無形的宗教；它更看穿人類上述的結構之惡，卻沒有批判或多餘的言語，只是以自身本然的行為，做著社會資源重新分配的事務，我的老朋友蘇董就是範例之一。

2015 年 10 月 24 日，在新塭國小的大禮堂內，蘇董對著 120 餘位我的學生演講，從德國工藝、西方藝文，談到他在台灣高山野地的感悟，也說出他長年在台灣做了許多沒有佈施的公義佈施。

有學生問他：「您是成功的貿易家，您為什麼要拿那麼多錢，去做那麼多的社會事？」他在現場有了因人而異的回答，事後卻告訴我：「我沒辦法回答他：那些不是『我的』錢啊！怕他聽不懂呀！我也沒有做什麼啊！」

所以我就畫蛇添足，以此短文，加註幾句。

19

懷念道師父——兼論信仰

　　人類現存的宗教大抵有兩大類，一類是謂「自然宗教」，源自人群對自然宇宙的感受，漸次約定或不必約定而成俗，例如薩滿教、自然神教、泛靈論，甚至於無神論；另一類就是有創教教主的宗教，例如基督宗教、伊斯蘭教、佛教、耆那教等等，謂之「人為宗教」。儘管許多人為宗教的「教主」，在世時根本沒有「創立」該宗教。

　　我曾經訪談李前總統，一開始他談生死、信仰與宗教，他強調信仰絕非理性的（範疇），「信仰的問題是啥？信就只是你去信就好了！信是實踐，沒看見就去信嘛！……這對知識份子來講，是件真艱苦的代誌，必須放捨自己的思考方式……從此，我開始感應我，不是我的我……是耶穌在裡面的我。這樣的一個我，對政治、對各種問題，就變得都不一樣……」

　　後來，2011 年中，我到美東巡迴演講暨口訪，受訪的對象有人堅決地認為他不需要宗教（其實他正表達出一種信仰），但絕大部分的受訪者都臣服於宗教。傑出的心臟外科醫師蔡榮聰如同李前總統所說的「心理上未能完全信服」；「信教 40 年的人，每日還在信仰學習中掙扎」，但是他幾乎每天都在「跟死神討價還價」，常常遇見：「手術是成功的，但

病人死了！」這些基督徒最難克服的是，科學及理性對「實然」的「相信（belief）」之與「信仰（faith）或信心」無法調和。李前總統受洗前後一樣是這樣的衝突。

　　蔡醫師、李前總統及另一位陳英仁醫師，都列舉聖母「處女懷胎」、「不交而孕」的不可思議為例，說明這種衝突，而後者最後是靠藉 Faith，相信上帝的「超自然」、「全能」，用以克服理性的「不相信」，而轉向「信仰」，也就是李前總統的「信就是了」！

　　也就是說，我訪談過的一些基督徒菁英們，大抵經由「信就是了」、「全能的主」用來降低理性上的「自我」，漸次見證了一些「奇蹟」，從而堅定了「信仰」。講白些，宗教唯一的特徵是超自然的「靈驗」或「奇蹟」，透過因初步的「信」而篤信，也不斷地「發現」了許多「美好」、「偉大」、「超自然」、「超人性」的某些東西。

　　對一般人而言，不必如此麻煩，因為原本就沒有科學或理性主義的執著（後天養成的思考習慣），原本就「無知」超大於「知」或理性訓練，只要在意志力脆弱，或人生困境、更多履歷，且經歷許多的渺小感、有限性、無能、無奈之後，人不得不傾向於信仰，否則很難過（活）下去。

　　「信就是了」是法寶，古代很管用，現代也無遑多讓。西元 7 世紀以降，印度教之所以從復興，走向現今的屹立不搖，基本上是經歷兩大階段的「虔信運動」：7 世紀之後，印度教為了抗衡佛教及耆那教，透由在民間吟唱「虔信」（Bhakti；又叫巴克蒂運動（音譯）），主張從內心對神誠摯的崇拜即可獲得解脫；11 世紀之後，又因伊斯蘭教入侵，再度興起

轟轟烈烈的虔信派的改革運動，從而振興了印度教的永續。

　　中國佛教各宗各派演替的結果，最後勝出的是淨土宗與禪宗。淨土宗從 7 世紀以降，倡導只要「一心稱念阿彌陀佛」，不斷「持名念佛」即可往生淨土，對普羅苦難人民，實乃最簡單、便捷的自我催眠與救贖的「高鐵」、「飛航」途徑。

　　相對的，禪宗大抵從「拈花微笑」的心傳自證悟，根本上就是無神論的覺知運動，表面上徹底是菁英主義，卻在中國閩南發展出筆者稱之為「觀音法理」的普世人性的心理療法，而幾乎脫掉了形式宗教的外殼，形成沒有宗教形式的宗教，我常以兩副對聯形容它：

　　　　誠心敬吾，無拜無妨；
　　　　行為不正，百拜無用。

　　　　若不回頭誰為你救苦救難；
　　　　如能轉念何須我大慈大悲！

　　這是自覺、自證悟、自力聖道的菁英主義途徑，其對普羅大眾而言，它卻採取另類的虔信運動，它直接實踐在任何起心動念，不管正負面，全數用來逼退心念，進臻止息，內參性靈本尊。

　　而我所認知的傳道法師，從 1990 年代以迄他圓寂，從我們在政治運動、環境運動、社會或任何弱勢運動的場合，乃至生活社交、朋友聊天、信眾開示，他完完全全入世

2015 年 12 月 20 日紀念道師父辭世周年活動中，筆者頒獎給小朋友。

就俗，在每個細節苦口婆心，諄諄喚醒覺知，他以「理入」，幾乎不談半句玄學。

他抨擊不公不義，而我聽他講最多的，就是在教化上遭遇龐多的頑冥不化的難以自覺者；他著力最深，也最多感慨者，在於對遭遇的每一個人的顢頇不化。我知道，是因為他把我當成同道中人，我們做的都是同樣的事工，雖然在內容上，容或有不同面向。因此，他對我感嘆「情」未能淨化、人才遭遇不容易啊！

後來我才得知他對台灣鄉土的用心至深，他很想將佛法與原住民自然法融合；他也想將古今文化與生活融通，他從形而下入手，他著眼文物的搜集；他直入八萬四千法門的菩

薩道，他從古代走向超現代，他徹底是台灣草根的本土和尚；他專門破除迷信，他採取虔信法的另一極端，也就是最艱困的第一線入世的出世修行，而殊途同歸。

自從道師父化作千風以降，每禮拜我向他呼請開飯了，吃飽了我向他致意；每上課前，我向他問訊，下課了我向他致謝。他不是他、我不是我，世間就是出世間。菩提樹很美，微風一起，就有萬道的溫暖與溫柔。

在妙心寺的氛圍裡，就是心妙與妙心，而無心無住。我沒有信或不信的問題，也沒有宗教不宗教，就跟妙心寺裡的，跑來跑去，偶而還會咬死朱頸斑鳩的黑貓、白貓差不多。阿彌陀佛！

緬懷傳道法師化作千風週年紀念的會場。（2015.12.20；妙心寺）

《台灣之音》無料廣告

親愛的聽眾朋友，大家好！歡迎再一次收聽每禮拜六上午 10-11 點的《台灣之音・土地的心聲・生態的故事》，由我陳玉峯為您空中服務。

幾個月前，2015 年 8 月 30 日我在彰化舉辦第一次聽友會，來的朋友一南一北，五路四處都有；年紀從 9 歲到 8、90 歲。有個聽友許醫師站起來說他來此是何不易，如何排除萬難才能來。他說太太問他，這麼大費周章要去哪兒？他答聽友會；太太滿臉狐疑：「聽友會？誰的聽友會？」他答：「陳玉峯。」沉默了一下子的太太再問：「陳玉峯是在賣什麼藥？」

陳玉峯賣的是什麼藥，大小通吃、老少咸宜？

是啊，上天下地通海，三十六天罡、七十二地煞，吃了通體透明、金光搶搶滾，陳玉峯大補丸是啥米碗糕？

「賣藥的？！」這問號道盡了數十年台灣廣播界的生態與變態，這是政治、經濟、社會、文化種種複雜的因素絞纏後，一個鮮明的特徵與象徵：「賣藥的！」

草藥書籍記載，「青即入藥」，也就是所有綠色植物都可入藥；佛教徒也將吃飯叫做「藥石」，三餐都是藥，治療饑餓、維持生命的東西都可以叫做藥。美國有些醫生特別強

調，全世界對人最佳的食物就是乾淨的水。陳玉峯提供的
「藥」比乾淨的水還單純、無形，它叫做《台灣之音・土地
的心聲・生態的故事》；它的前身，2015 年 1-6 月底叫
做《風雲台灣・談古說今》，曾經錄製了 122 輯（小時）。它
是不是藥，我不知道，我也不想「賣」，只想「送」。因為
感情不是商品，沒法度買賣。

　　怎麼說？當初 2015 年上半年在錄製《風雲台灣・談古
說今》節目時，我的構想跟設計是以台灣生態、土地為出發
點，將台灣島的前世今生，從地體變遷、造山運動，談到生
界來源與演化，交代文明的演進，伴隨著自然資源的開拓
史，台灣文化如何形塑，如何走到今天，然後，解析台灣主
體性、台灣文化靈魂為什麼無法健全建立，從而切入 4 百年
來台灣文化最欠缺的自然情操與土地倫理，為台灣人找出安
身立命的永世根基，這是台灣文化的大工程，也是目前為
止，台灣人最欠缺的，連結靈魂到自然生界土地的文化事
工。而且，在天文、地文、生文、人文種種交織的面向，我
個人從無分割，這是我這個台灣人的歷史責任、自我期許。

　　所以，我談的東西沒有有限的嘗鮮期，不是用過即丟的
物質，而是啟發台灣人共同的認同情感與靈魂的依歸。我把
它當作有聲書在製作，原本想要錄製至少 5 百輯。可是，在
心態上，我抱持跟我上課同樣的自我要求：每堂課、每一
輯，都當成我生命的最後的一堂、最後的一輯，也就是在
無常人生中，但求當下的淋漓盡致，而不必考慮得失。

　　既然是當下，也就必須考量種種因素：聽眾的心智
狀態、各式各樣不同族群的吸收能力、做節目的戲劇效果，

等等。談淺顯的，要有深度；談深邃、抽象的，要有吸引力，不能讓多數人聽而卻步，而必須誘發：「接下來呢？接下來呢？」同時，語言、腔調、音節、氛圍等等，要有魅力或風格。如同希區考克在強調的，演員要的是，最重要的是魅力，而不是能力，但魅力其實包括實力、能力、感染力，最簡單的要求是我常說的：touch people's heart，讓聽眾聽得入心，欲罷不能。而且，聽一次不夠，至少，聽一次時，雖未必完全理解，至少可以感受到有內涵，有懸疑，有困惑，有反彈，有挑戰，有刺激，有共鳴，有聯想，有暗示或引發暗示，有幽默，有哀傷，有美麗，也有醜陋，更要有想像不到的效應。

不只如此，聽一次，懂一點；再聽一次，不懂得的東西變更多；聽第三次，嗯，終於弄清楚了一些，卻又有另外的疑惑……，事實上，人生就是這樣。生命萬象一般沒有直線，自然界通常也只有曲線。

《風雲台灣・談古說今》播放到 2015 年 5 月底時，綠逗王美琇女士來電告知，由於經費關係，一個月一個節目必須燒錢 40 萬，不得不停掉 2 個節目的 1 個，他們內部討論的結果，《風雲台灣・談古說今》就播到 2015 年 6 月 30 日，她要我講一段告別的話，在最後階段向聽眾告知，我就寫了〈菜瓜棚仔腳〉，在 6 月 30 日最後播出時使用。我當時強調，告別也是開始，同時，我已錄好的 122 輯，也許可以製作成 CD 有聲書，聽眾朋友有興趣的，不妨向綠逗預訂。

而綠逗為了台灣民主運動的進展，也在熱情聽眾朋友的

企盼下，王美琇女士邀請我參加綠逗 2015 年 6 月 27 日，在台中五權路小英之友會的巡迴演講會，我出席協助賣書募款後，先行離去。不料，在我離開會場後，聽說有高雄北上來的一對夫妻，為了前來看我一眼卻撲空，難掩失望之情。因此，美琇再邀我無論如何，2015 年 7 月 14 日的高雄場務必再出席。

高雄鹽埕區長老教會的綠逗演講會，高雄台灣人無比的熱力四射，我在現場的募款，也讓王美琇女士滴下清淚。這就是後來我在《台灣之音》連續講了約 4 回的〈誠摯的佈施沒有佈施〉。

高雄募款後，美琇出國。後來，綠逗工作人員及美琇來電，說是要擇取 10 輯做光碟、出版。我向美琇說，原本我向全國聽眾朋友宣佈的是要做 122 輯，只做 10 輯我就失信於聽眾，那麼我可不可以自行做 122 輯的光碟，美琇回答我：「當然可以啊！」

2015 年 10 月 17 日我前往電台錄製綠逗寫給我的，推銷 10 輯的廣告台辭，也估計 2、3 個月後，我再推出 122 輯，這樣才不會影響綠逗的行銷。

另一方面，2015 年 6 月 30 日最後一輯《風雲台灣‧談古說今》結束後，台中望春風電台台長嚴玉霜女士認為優質節目停掉可惜，因而從 5 月底開始規劃、爭取，因此，連接原節目，2015 年 7 月 4 日（星期六）的同時段，一樣全國聯播，推出《台灣之音》這個每週六 10-11 點的廣播。也就是說，縮減 3 次，每個禮拜只播一輯，至少可以讓熱情的聽友延續同一調性的節目，而聊勝於無。

筆者在錄音室的自言自語。(2015.12.29；望春風電台；嚴玉霜攝)

　　到了今天，一切都已成熟，我就拜請望春風電台嚴玉霜女士委託廠商製作，陳亭吟小姐美工設計，完成這 122 輯《風雲台灣・談古說今》CD，聽眾朋友如果想要聆聽，麻煩您向山林書院聯絡人黃女士登記索取，她的電話 0927-476-689，e-mail：lj060588@gmail.com；或上山林書院部落格、臉書登記；也可以向快樂聯播網台中台嚴玉霜台長聯絡。

　　我們免費贈送這 122 輯的有聲書。郵寄工本費或製作成本費等隨緣。我一生做社會事，不懂商業行為，只期待台灣、全球生界變得更美好，或說也沒什麼期待，因為一切是隨順因緣，不需要特別強調什麼。

　　聽眾朋友千萬不要比較說，綠逗 10 輯為什麼要價多少、多少，因為這兩者完全不同，綠逗拚台灣的民主運動已經很長久，先前向綠逗購買，就是捐獻台灣的願景，功德無量。

　　至於我這邊，只為了當初講出我要製作 122 輯的自我承諾，我要做到。很單純，就這樣而已。

　　所以，我今天就透過《台灣之音》這個節目，做這個「無料廣告」，有因緣的聽友，就幫我消除了半年多前的「口業」，感謝大家！勞力！

21
結納人間世

　　2015 年底，就在有人公佈蔡英文的民調支持率過半、飆新高的同一天，我收到了「同學」傳訊，說是要在 1 月 17 日召開同學會聚餐，慶賀台灣產生第一位女總統；之前，我也接到該聯絡的「同學」，要我上台北，接受另一、二位在幫蔡英文撰寫什麼政策的同學，諮詢關於生態、環境之與經建的問題云云。聯絡人語氣充滿志得意滿的口氣，並細數該「同學會」成員盡是大有成就、腰纏萬貫、結納權貴的重要人物，等等。這些「同學」，過往我從未交往。

　　也許是我孤陋，1980 年代街頭運動以來，從沒聽聞我有什麼「同學」挺身抗暴，力拒不公不義。林宅滅門慘劇、鄭南榕烈士自焚明志、詹益樺烈士焚身撲向總統府鐵絲網、陳文成烈士台大墜樓、李鎮源院士力挺野百合、台建組織成為台灣最後一批「叛亂犯」……以降，我們同時在全國各種弱勢運動抗爭的場合，我也從來不知我有什麼「同學」跟我是「同一國」的！我之所以認識一些朋友，泰半毫無私交，純粹是在抗爭行列中，彼此敬重、相濡以沫的遠距相惜者。

　　有可能我那些「同學們」長期都在默默支援台灣歷來的平反，都是主體認同且在各方面奧援台灣的民主運動吧？！我真的不知道。試想，許多大富大貴的「同學們」，如果有

人在暴政權貴「高票當選」時，一樣或從來舉杯額手稱慶，如今一樣「博愛」所有顏色呢？這也是司空見慣的台灣「常態」吧？！太多台灣人的親朋族黨不都如此？歷史的業障加上複雜的人性，台灣有什麼不可能？

千禧年阿扁上任後，我為運動緣故，曾拜訪若干新閣要員，他們大多具備一項特徵，屢屢強調他們跟阿扁有多好！我心暗忖：「完了！結局呢？！」30 餘年來目睹人間世萬般的變色龍，一旦台灣被任何強權併吞時，他們一樣搖尾奉迎，只不過名相、理由隨時更新？

我看了數不清的電影，浮世繪這部大戲最不耐看，卻最是不可思議啊！如果「同學們」是在 2、30 年前，為著某位不畏強權、真正為了公義而戰的人士慶賀。我一定讚許敬佩。只如今，台灣走到百無禁忌的「自由」階段，這把年歲了，附這類風雅就讓給別人吧！

羅漢與羅漢腳

　　泰雅人把高飄在山頭之上的水氣叫雲，而「雲的腳」叫霧，因為天上的雲走下來山中，來回走動即是霧。大家很清楚雲跟霧是同一個東西。

　　羅漢跟羅漢腳是不是同一個東西？

　　梵文 Arhat 翻譯成中文即是「（阿）羅漢」，意指一個人洞燭人性及心念如何流轉，而可擺脫生物性對自己的驅使，他明白所有的七情六慾，最終的結局都是讓內心不得安寧，也造成對他人及環境的連鎖反應，更且，依據「意識或自性原理」，如同唯物科學牛頓三大定律之一的作用、反作用力，人一旦起心動念或付諸行動，一定發生相對的反作用力，不管正、負面。而（阿）羅漢了然人心本體的道理，他可駕御自己的心念自自然然，若有不很恰當的念頭升起，他可以立即消弭之，因而佛教徒的用字叫「殺賊」、「殺煩惱賊」，或說可以「六根清淨、斷煩惱」，也可以「了生死」，不再受生死問題的困擾；因此，羅漢不再墮入輪迴之苦。而一般解釋輪迴常指前世、今生、來世等，也就是基於生生死死世代傳遞的業障不斷重複，但既然可以「了生死」，精義在於念念之間的「生死」，可以指念頭的生死與消滅，而不必牽扯世代。事實上，也只有當下生而無生，念

起念滅，擺脫生滅，遑論世代的煩惱。

　　這樣的人已經屬於「超人」，但一般只能做到間歇性的超越，再不斷地增長時程與頻度。而由於自己可以超越自己生物性的擺佈，他也有能力幫助別人，但是，最麻煩的也在於所謂的「幫助」，事實上，各種佛經都在強調沒有「幫助」的這回事，只能說是有充分智慧地去激發「受幫助者」的自覺而已。個人造業個人當，沒有任何人可以「幫」你什麼。

羅漢、羅漢腳皆在轉法輪。

羅漢隨緣「渡化眾生」，不強調「幫助別人」，相對於中國大乘佛教不斷強調渡化、幫助眾生的「菩薩」，因為一旦「有心」要「助人」，心就歪掉了，這就是台灣目前佛教界最大的毛病之一。

我「不喜歡」將羅漢的意義加上「應供」（可以接受人天供養）的多此一舉。隨緣，包括不必強調什麼供不供養，最好是可以養活自己。另一方面，所謂小乘、大乘，涉及不同時空背景、宗教及教派抗衡、區域文化等等差異，本來非關是非，卻直到現今，依然看見一大堆偏頗的標榜，也失掉了本質。

無論羅漢或菩薩道，如果沒有是非，只躲到宗教的遮羞布後面，不求結構性或社會不公不義的改變，則穿再多件袈裟一樣是人渣、垃圾。台灣也該到了宗教的大革命時代矣！

眾所周知，羅漢「腳」原本指台灣在窮困時代多遊民、乞丐，在湧向廟會之際，廟祝等為觀瞻起見，央請他們避往觀音媽後殿休憩，他們或坐或臥於後殿兩側十八羅漢塑（雕）像下，由是被稱呼為「羅漢腳」，也就是暫時棲處羅漢塑像下的遊民，表面上羅漢當然不是羅漢腳。

然而，全世界不同社會互有同異的「羅漢腳」或遊民，其中卻不乏真正的「羅漢」，特別是印度，因為印度教等信徒，自古崇尚將人生區分為四期，也就是受教育或大約 5-25 歲的「梵行期」，然後進入一般家庭、社會世俗生活的「家居期」；接著，約在 50 歲前後，拋棄俗世生活，進入森林修行、苦行、參悟，是謂「林棲期」；直到修行有成或約 75 歲以後，剩下的是尋求最後的解脫階段，叫做「遁世期」，遁世期的「羅漢腳」事實上藏龍臥虎多高人，而大

隱於市。

　　台灣現今的遊民不乏特立獨行者，有許多人走過大風大浪，卻選擇世俗忌諱的方式，此中，有些人是極端的浪漫者。

　　而我知道羅漢隨時可以是羅漢腳，這時也可以叫菩薩；許多羅漢腳本來就是羅漢。羅漢為什麼是十八尊，雙九是十八，保留一點不完美，接納天下蒼生。

輯三

課堂

成大台文系

～我帶成大台文系學生參訪新塭嘉應廟。廟方歡迎
的看板紅紙上，誤將台文系寫成中文系。我拜請廟主委
重寫一個「台」字來貼，自己則動手將「中」字挖掉，
因為，台灣絕不能骨子裡還是中國，台灣人也不會想要
蓋封中國～

每個學期我常安排帶學生參訪一山一海的故鄉生態。這
學期的海岸之旅選擇好美里、布袋與新塭。

新塭有間台灣系列廟宇較少見的「嘉應廟」，奉祀的主
神是「九龍三公」，也就是代替宋端宗，穿上龍袍，假冒皇
帝，喝下蒙古將領送來的毒酒的魏天忠。魏天忠於 1277 年
農曆 5 月 4 日代端宗受死，端宗趁此時間拖延而逃亡潮州，
但南宋氣數已盡，8 月文天祥 (1236-1283) 兵敗，隔年端宗死
亡，南宋立衛王為帝昺，11 月文天祥寫下〈正氣歌〉後
殉命。1279 年農曆 2 月，陸秀夫背負著帝昺，在廣東新會
的厓山投海，結束南、北宋 320 年的王朝。

朱元璋消滅元朝後，挖出這段歷史，追謚魏天忠，連帶
將他的父親魏國佐、祖父魏了翁一齊入祭忠義祠，得享春秋

二祭。朱元璋之所以摘取魏天忠事蹟表彰，當然是基於鞏固、宣揚保衛自家皇權的久遠，教化愚忠、愚教、價值觀的洗腦與植入，而且透過宗教靈驗的特徵與神秘，深植人心，試圖培育他家皇權於存亡危急之秋，多出一些效命、效死的擁護者。

　　果然，明國末年，重複著中國歷代教化後的老梗劇碼，其中，最後一支反清力量，即福建、日本混血的鄭成功。鄭成功北伐南京大敗之後，轉進台灣，導致台灣史集體靈魂、價值的大塑造。即便在鄭氏王朝被清國消滅後，陸陸續續的反清族群，不斷移居台灣，崇拜九龍三公或家鄉神明的集團，便是其中之一。

　　任何人生觀、價值觀如果可以融入或植入宗教信仰的系統，便成牢不可破的人文遺傳，因為宗教是人類社會變遷史上，變化最為遲緩的一項。它，形成台灣最美的風景，也孕育反現代、反民主自由、反思想改造的，最龐大的神鬼大兵，更從根阻絕台灣獨立的腐蝕病。歷來，沒一個政客勇於面對，更在現實投機上妥協，因為無知與反智。

　　8 年來我切入這套洗靈、洗腦的中樞神經，找出它的自覺、自力聖道的最大優點，也在鄭氏王朝三代渴望讓台灣獨立或半獨立的努力找到連結。近年我不斷鼓舞年輕世代投入這場台灣文化大革命的聖戰，因為，如果不能在普羅大眾革除皇權帝制及其系列配套的「美德」，創發自由民主的價值、信仰及道德觀，則台灣永遠在走馬燈政客的替換，卻無從跨出腐敗文化的習氣。

　　台灣一定要文化大革命！

　　要革命必先深入瞭解明確的對象，不幸的是，明確對象正是善惡一體的連體兒，這連體兒的自我鬥爭已進行至少千年之久，或說宋、元、明、清閩南禪宗法脈的民族主義，之對抗外來異族政權的政教運動。台灣傳承的，就是陳永華設計出來的禪門「觀音法理」的反清運動。

　　無論正、反，宗教一向是政治的隱形斗篷，因為藉助迷信、鬼神，什麼鬼話都可以掰，表面上，清國施琅等將反清最劇烈的媽祖收編，納入清國國祭，籠絡原先的明國信徒，陳永華等則利用禪門「本體觀音」與「應現觀音」的原理，另創王爺信仰來傳承、傳播反清思想。也就是說，王爺廟、媽祖廟、任何台灣的廟宇，只要後殿是「觀音佛祖」，不論前殿是任何神明，其實只是「應現觀音」，任何外來統治政權愛拜什麼神都可以，將之奉祭於前殿（正殿）。例如，如果台灣被回教統治，則前殿順應外來強權規定，讓其奉祭阿拉，只要後殿保留或增設「觀音佛祖」，就可以傳承台灣本來的法脈與精神，台灣的主體文化，就是隱藏在本體觀音所在的後殿。

　　台灣的廟宇，只要後殿是觀音佛祖，則絕大多數即是禪徒所設置。

　　新塭的「嘉應廟」，後殿一樣是觀音佛祖，前殿是「九龍三公」，但嘉應廟的觀音佛祖卻是在 1946 年，才從大岡山「新超峯寺」迎請而來，還藉助霍亂疫病的藉口而設置，可見 1946 年代的新塭，依然存有禪門耆老。

　　可惜的是時至於今，罕有人還記得或認知這套隱性文化的宗教心理學。而觀音佛祖除了代表鄭氏三代要讓台灣

筆者挖掉中字。（2015.10.24）

獨立的政治目的之外，最重要的是覺知、覺悟的「自力聖道」，它代表不受政治扭曲，不被迷信蠱惑的反迷信信仰，甚至是無神論。

在我心目中，新塭嘉應廟、好美里太聖宮等，都是反外來政權的台灣傳統精神之所在，也是其本質。奈何如今，只淪為傳播偽善、偽道德的迷信型，或服膺外來統治者的奴隸思想、順民態度。

2015 年 10 月 24 日，我帶成大台文系從大一到博士班研究生等，一行 120 餘人前來新塭嘉應廟參訪。廟方主委、委員等在地人士熱情招待，不僅為我們講解歷史沿革、靈驗傳奇，也備妥人手一份的資料、贈品、飲料等。此間有一插曲。

廟方用心準備招待我們，事先張貼了一看板，且在跑馬燈上播放歡迎詞，然而，不知誤聽或慣性思考，將成大台文系寫成中文系。我先學生抵達現場，發現錯誤，立即請主委

廟主委寫台字來補貼。(2015.10.24)

修正後。(2015.10.24)

重寫一個紅紙黑字「台」來貼上。主委立即去補寫，而我在看板前想著，「台」字貼在「中」字之上，不就代表骨子裡還是「中國」，只是表面上的「台灣」？而台灣人也從沒想要去蓋封中國（鄭成功、鄭經、蔣介石時代是有此思想），因此，我自行動手，將「中」字挖除，而台字寫好後即時補上。

21 世紀了，躲躲藏藏的台灣主體文化不需要再隱匿，而且更應該直接面對、當下承擔。學生到場後，我向大家說明去「中」貼「台」的插曲，也期待還給新生世代一個明明白白的台灣文學系所！

彩繪好美？！

　　他們渴望繁榮與人潮，尤其在目睹好美里的 3D 壁畫、地面畫作（所謂的立體彩繪村）在幾個月前風聞全國以來，湧進形形色色的遊客。新塭嘉應廟、在地國小的委員們告訴我：「台 17 以西是國家風景區管轄，他們有政府挹注，人潮來了，我們這邊台 17 以東，鳥不下蛋。我們要連結高跟鞋教堂、○○教堂……打造另種文化景觀……」

　　我順著他們的憧憬說：「是啊，應該結合嘉應廟與新塭，乃至布袋或南鯤鯓等，打破台 17、61 公路的隔離，最重要的，這裡是古倒風內海的北段，更該將菲立辛根堡舊址、太聖宮魍港媽祖、4 百年滄海桑田及其歷史變遷、文化演進，乃至潟湖、沼澤紅樹林如何滅絕，海盜如何在黑財窟與明國官兵躲貓貓，目水流山如何哀怨地望向大海的悲劇或鬧劇，整體含括進來，融合時空人文故事，鋪陳千年的史詩……」

　　然而，2015 年 10 月 24 日又一次來到好美里時，目睹那些彩繪褪色的速率未免太過劇烈？！我首度看見畫師揮灑著畫刷時，曾經訪談他，更在內心質疑、掙扎於這是什麼樣的台灣文化，就這樣像斷層逆衝地，橫向、縱向切割，還有，這樣的「畫作」、遊客，將持續多久？3 年後呢？它們跟魍港有何連結？古老靈魂競相擁抱新潮，很快地增添

落寞與寂寥，再多的新潮又可注入心靈什麼內涵？枯乾的古井，倒入一桶又一桶的染料，這水能喝？我不知道。於是今天，我的陰翳又裹上一層。究竟是我的白內障惡化，或是陽光太花、顏料氧化？

　　年輕沒包袱？無知很快樂？嘻嘻哈哈走馬看花可以留下土地什麼印象？認識、認知了何等心路？台灣走過這樣數百年的錯亂更新，墳場上新鬼蓋過古老一層層的碎骸，如此的層層疊疊叫文化？考古遺址？

　　風頭水尾，飛沙烈日，我想到過了冬季，3D曇花一現，一季遲暮？事實上最引起我困惑的是，古生物、老虎等一堆時空交錯的外來種，說是要連結好美里的地理、歷史特徵，打破藝文與遊客的界面，這些我不予置評，我嘗試觀察、體會的是在地阿嬤、阿公、阿伯、阿姨、小朋友的活體眼神底下的某些飄動。

從「九龍三公」談起
——台灣傳統宗教價值觀系統解構之一

　　好美里「太聖宮」有一尊明國時代，比鄭成功更早來到台灣的「魍港媽祖」，我認為祂是台灣極其少數，未曾被清國「摸頭」、「收編」的硬頸媽祖。祂在3、4百年來，拒絕向外來政權投降，拒絕清國皇帝的勒封或亂倫。祂的「姊妹們」個個都做「天妃、天后」去了，「享盡天庭的榮華富貴」，而祂卻堅守鄭氏王朝三代台獨的理念，不慕虛榮，堅守崗位，庇護好美里（虎尾寮、蚊港、魍港乃同一地區地名的變遷）的純樸村民，且在醫藥匱乏的年代，指示神職人員，挖取神像底座的木薄片，充當藥引，為信徒治病（剜肉為藥）。

　　這座神像後來被教育部（1995 年 11 月）、學者專家們指定為明末「古物」，是否算是被「收編」，我不予置評。

　　事實上，剜肉治病的神明（神像）不只是魍港媽祖，魍港的王爺也一樣。

　　台灣王爺信仰的來源最是撲朔迷離、政教合一、人鬼神雜糅，佈陳宗教史上最離奇的迷宮，而且，數百年來只要夠靈驗，台灣人就會將某鬼魂或歷史人物，尊奉為王爺神格，其造神的原理、手段，早先乃是反清志士的故布疑陣，用以逃避清國的查緝。這套造神的老祖宗或起源，我認為即陳永華政爭失敗後，告老回家，詐死之前指示「瘟

2015 年 10 月 24 日，筆者與成大台文系學生參訪新塭嘉應廟。

神將來」為嚆矢。

　　另一方面，現今的太聖宮，我認為是數百年來，該地許多廟宇、各類神明，在天災地變、兵燹之下，流離失所之後的合併體，這是台灣廟宇極為普遍的現象，因而不相干的神明（或信仰系統）頻常雜混而共現一廟。

　　我推測古代好美里曾經存在「嘉應廟」，而這間嘉應廟

的主神「九龍三公」如今也被奉祭在太聖宮，而且，還有「李大王、程國公、令公爺、尹府千歲」等，共奉為「五王或五府千歲」，也就是仿照南鯤鯓或台灣王爺廟的基本模式，另外成立的「五府王爺」，至於哪個王爺是哪個神明或什麼歷史人物，就看是誰說了算，從來是烏龍院。

如此，太聖宮的「九龍三公」原本是宋朝末年，代替宋端宗受死的魏天忠，加上其老爸魏國佐、祖父魏了翁的「三位一體」，在朱元璋的勅封下，成為特定地區的家鄉神明，且被該地來台的移民，攜之前來落籍台灣的西南海隅，例如好美里、新塭等地。

有趣的是，1980、1990 年代，專家、學者來了，鑑定魍港媽祖的年代（註：其實可以做碳 14 等較明確的鑑定），附帶地，

嘉應廟方人員為學生解說九龍三公神蹟。（2015.10.24；新塭）

把 5 個「王爺」一一定位。也不知道依據什麼碗糕，九龍三公竟然突變成為「魏徵」，大概屬行撙節，將 3 個人的「薪俸」縮減成 1 人？而且年代也來個乾坤大挪移，往前拉扯到了唐代。不只九龍三公變成魏徵，還有其他王爺也被實施「可交換神教」的魔術，反正有權威、威權說了算！

問題是村人為什麼容忍「張飛」變「岳飛」而毫不在乎？

簡約的說，台灣草根根本不在乎「神鬼正身」，除了陳永華以降的政教大模糊戰略之外，台灣人的信仰主體乃禪門的觀音佛祖，神佛無形、應物現形，叫什麼阿貓、阿狗主隨客便，外來政權說什麼都可以，只要本體觀音永續自覺即可以。還有，此中寓含的概念之一，也就是神像非神明本身，卻反覆被迷信為神明客體（偶像）。

事實上在台灣禪門文化中，神佛像是「寓像」，而非「偶像」。它，只是特定人格精神的象徵。隨意列舉台灣草根無意間談出的話可見一斑。

後勁反五輕人物之一的王信長先生說：「神、佛，不是要給人家拜的，而是要給人家看的……」因為祂只是一種典範。

「……去拜，家人大小平安就好，不要去拜賺大錢。大家都去祈錢，祂要去搶嗎？那些，只不過是心理安慰罷了……信就好，不要入迷。一個共同信仰，不要去破壞它；任何事，人們必須自尋解決之道，不要叫神明替你處理，沒法度啦！你自己不解決，卻叫神像替你處理，天腳下沒這款事誌啦！不管你怎麼拜，酬神物有多豐盛，祂能吃到什麼？！」

　　幾百年來台灣受制於外來政權的高壓，將主體意識壓掩在禪門觀音的本體與應現，是一種逆境心理學，是在殺頭、誅連九族，乃至 38 年白恐戒嚴下，消極的心法傳承。它藉助中國倫理凌駕鬼神的心識，避開與外來政權的正面衝突，但它一直在等待。套用商業廣告的台辭：「小時候媽媽總是說，懂得等待，便是掌握『成功』！」

　　如今，3、4 百年的等待夠久了，台灣人的核心主體價值大可不必再遮遮掩掩了！認識一點兒也不迷信的主體自覺，而如同王信長的鄉土情感與氣度，否則，一旦不想認識台灣傳統宗教的本質，只依唯物科技的角度，則台灣近乎所有的神佛，只成了趙弘雅 (2010)《揭開漢人天界之謎》的考據，諸神幾近全屬無稽之談、胡說八道的木偶、泥塑、雕像，而忽略掉其本質與鄉土情感。

　　九龍三公是移民原鄉的神明，任憑強權隨意塗抹，信仰者的價值在於鄭氏王朝的倫理情操的傳承，絕非迷信，但其內容佈滿歷史政教的藏汙納垢、荒誕不經的政教鬥爭。台灣需要徹底的反思，斬斷不合時宜的胡扯，找出優良核心價值的自我覺悟，方法之一是，全方位開放心胸的大討論。

邀請李登輝演講因緣

2008 年 3 月 11 日我首度訪談李前總統登輝先生。他一開始談的，是一首流行歌曲〈千風之歌〉的故事，以及他的感受，還有他在洗澡時，拍拍身軀自言自語說：「每天給你擦洗得乾乾淨淨的，你這傢伙，不知何時會變成什麼模樣，去向何處啊？！」他談生死。然後，在我的勸請下，他五音不全地唱起〈千風之歌〉。從他老天真的神情，聊天時的親切，同一國的氛圍，母語夾雜英、日語的詼諧，跟我歷來訪談的草根素民如出一轍，很難讓我想到他曾經位居最高權力12 年，而縱橫台灣近代史、現代史垂然將近 1 個世紀，數遍台灣史，似乎無有出其右者，但他與我的談話，就像是老鄰居長輩的相處。

人生際遇究竟是荒謬、定數或偶然，沒人說得清。我在1990 年代罵他罵得凶，還出版了一本書，要他為 21 世紀台灣的生態災難負起歷史重責，但他似乎從未風聞。他認識我是在我上電視大幹政府喪盡天良、荼毒眾生的畫面上，事情經過大致如下。

1980 年代以降，肇因於 KMT 政權鯨吞蠶食台灣山林，摧殘自然生態系的生態時差（time lag）之後，大地開始反撲。1990 年代數次大風水災，土石流成為台灣主流，而汪笨湖

2010 年 2 月 23 日筆者二度訪談李前總統。

主持的電視政論節目找我去。不記得第一或第二次，我發現節目暗藏特定專批某某黨派的傾向太明顯，表面上談生態災難，所請人士卻非專業，也乏深度認知，盡在口水泡沫間打轉，而我長年焦慮於山林水土悲劇，上節目只在乎國人能否瞭解此一國土的浩劫，眼見時間分秒流失，因而再也按捺不住，終於在最後半分鐘的結語，悲憤不能自已而破口大罵，管它什麼節不節目，連珠砲火狂射，而導播等不斷舉牌「超過時間」，主持人卻示意讓我罵下去，因而我似乎狂飆了 1、20 分鐘。後來，據說該時段的收視率也節節高昇。

當夜，主持人後來無意間告知，李前總統打了電話給汪笨湖，問說那個火力十足的是誰啊？讓他繼續上節目！所以我就成了該政論節目的常客，還有專車接送。從此，不算短

的一段時日內，不只生態，連所謂政論我也開打了，直到發覺聽眾的二分對立，但求一時爽快，卻乏深度腦力的思維，加上社會、政治氛圍亂象叢生，知識份子不該淪為政客的打手，我決定退出言談業障，因而除了少數較具意義的訪談之外，不願再曝光於視訊傳媒。

　　也就是說，李前總統是透過汪笨湖的電視節目才認識我。因而後來我要訪談他，他不但欣然答允，還將他一生著作或相關事蹟的圖書一、二百冊都寄來給我，而且，有次我寄書給他，他閱後來電，足足講了半個鐘頭，重點在於他近 10 多年來，所謂的「脫古改新」，一生念茲在茲的政治文化大改造，以及他的人生觀、信仰與價值觀。

訪談結束後，筆者手中拿著從李家ㄎㄧㄤ出來的超長的棒棒糖。（2010.2.23；台北外雙溪）

　　而我兩次探訪他的過程中，除了本是同生根的文化、鄉土認同的親切感之外，最讓我動容者之一，也就是他談到第一任總統前期，如何被「外省仔掛」修理的慘況。他說開完什麼碗糕會後的夜晚，要睡覺前，難過到夫妻坐在床頭，邊流淚邊念著《聖經》之後，彼此靠藉信仰，互相安慰後才能入睡，甚至太太多次告訴他，不要當什麼「總統」了啦！難怪退休、卸任後，他會講出、寫出「生為台灣人的悲哀」，系列類似台灣人「原罪」的感嘆！

　　每個人都具有先天的業障隱藏在 DNA 中，假設李並未經歷青少年期的日本文化、生活的熏習，而是像「白賊○仔」之類或族群的成長背景，我也不認為他會變成後者的德行。但在強權壓頂的氛圍下，他學會「逆境語言模糊大法」，如同台灣禪門的「逆境心理學」，確保本體（主體）而隨順應現千變萬化的流轉。

　　迄今為止，高齡如李，他的對外發言始終保持領導人的格局，並顯現可以進退自如的含蓄，卻不失誠懇與真心，這是我敬佩他的人格特質之一，然而，我最喜歡的他，還是在唱歌時的童真。

　　自從 2014 年 8 月任教成大台文系所以來，每個學期原則上，我會在授課班級共同實施向社會、向土地生界銜接的界面課程。這學期安排了一山一海的生態旅行，並延請一官一民的典範型人物來系作專題演講，而先前已安排者，例如林義雄先生、王小棣導演、蘇振輝董事長、楊博名董事長等，每位演講者必然是當今社會指標或代表性的人物，或深具傳奇性的楷模，或許可以帶給新世代若干啟發或感染也未

可知。

　　教育或教化帶給人的啟發或改變，絕非目的論、機械論、唯物論等等的因果反應，而是不可知論的緲遠醱酵或夭折。

　　我相信親炙聆聽的語言，或目證的感染，具有形而上的「魔力」，直逼意識（consciousness）靈體本身，卻無法預估產生任何等影響。而因緣變化萬端且複雜振盪迴饋，即令一切如夢幻泡影，留下一張歷史的剪影，也算是最俗的見證。

陳玉峯教授帶領成大台文系學生前往綠島，除了進行戶外解說教育教學外，更將其研究資料轉交給綠島國小。（2015.9.7）

26.1
〈成大台文系代理系主任
陳玉峯教授新聞稿〉

超越自我
認同台灣

講者│前總統
李登輝

11·12
2015
四

成功大學崇華廳
力行校區
17:30～19:30

於成大崇華廳舉辦的李前總統專題演講宣傳文宣，希冀學生能從典範人物之經驗分享中，開展宏觀視野與寬闊格局的思維。（吳欣芸製）

本系陳玉峯教授自從 2014 年 8 月任教本系以來，為讓學生親炙、感受台灣土地、人文精髓或典範，每學期實施特定標竿人物的專題演講，以及山海生態之旅各兩次，例如曾經敦聘林義雄先生、王小棣導演演講；前往阿里山、大塔山、宜蘭進行生態山水之旅；參觀高雄德國工藝品旗艦店展示，並延聘蘇振輝董事長、楊博名董事長（台文講堂）演說等等。

本學期典範人物的邀請為一官一民，即李前總統登輝先生及綠島國小姚麗吉校長；山海生態之旅已實施者，即 10 月 24 日的好美里、布袋、新塭的海岸人文生態野外教學，

即將實施的是 12 月 6-8 日的南橫東段天龍峽谷溫泉暨東海岸（如三仙台）的生態之旅。姚麗吉校長的「四季教育」堪稱台灣傳奇，也就是春、夏、秋、冬的土地生態教學，特別是夏季教育，國小畢業生必須划著獨木舟環繞綠島一周，之後，再深潛到海中領取畢業證書的創舉，實為全球唯一。姚校長的專題演講訂於 12 月 17 日下午 5:30-7:30，假台文系台文講堂舉行。

　　11 月 12 日下午 5:30-7:30，假成大崇華廳舉辦的李前總統專題演講題目是「超越自我・認同台灣」，內容以李氏一生閱歷、經驗智慧，從青年參禪、勞力參證生命的淬鍊，乃至 12 年國家領導人驚濤駭浪的內在體悟，以迄退休後將近百歲的台灣前途的廣泛思慮，始終以領導人的格局、眼界，省思台灣內在文化如何提昇。他的款款深情與智慧，將為年輕學生娓娓道來。

　　陳玉峯教授的學期專題演講，以及山海之旅，有限度開放給社會人士報名參與。

李前總統演講引言

感恩台南、台灣這片土地生界眾神！

就我來說，還能夠說話、行動自如，就是一種無上的幸福！

李前總統、副校長、院長、各位師長朋友，今天的主角：年輕世代的朋友們，大家好！

我從來認為，自由民主制度之下的人類社會，當任何政策、政客，它（他）所製造出來的問題或麻煩，遠比它（他）所能解決的問題還要多很多的時候，這些政策或政客就會被社會所唾棄、淘汰，但事實上經常不是這樣。

這個禮拜以來，台灣社會紛紛擾擾的現象，再度地反映了這問題，服貿、貨貿如此，國際外交也一樣，也就是說，一個 9 趴總統為什麼可以代表國家去簽署或宣告出賣國格、主權的行為，只因為一次一時性的選舉？台灣究竟是總統制，還是內閣制合宜？或新創符合國情的新體制？也就是說，這是憲政結構議題。台灣在憲政第一、二次改革之後，有必要進行第三共和大翻修吧？！

我一直在觀察，一次選舉賦予一個人變成獨夫而為所欲為，那麼，一次選舉選出的國會議員、縣市長或所有各級民代，以及龐大的公權力繁多單位，或理論上可以監督、制衡

獨夫的體制、法制單位及人員，為什麼毫無反映及作為？究竟是我們的憲政體制病入膏肓？還是這些公權、代議麻木不仁？

　　我只看到權責人士一片口水泡沫，盡在表面虛幻下功夫，而不願在結構、關鍵問題上使力。而尋常百姓，只能上街頭跟警察推擠、耗損、頭破血流，或悶出種種病痛。

　　我想我又錯過了一次絕佳機會，如果可以駕御一部小飛機載滿炸彈，朝向那虛偽、噁心的所謂「領導人」所在俯衝下去，大概可以在靈界取得安息之地吧？！我只是在想，憑什麼他們可以決定台灣人身、心、靈的定位？！何謂民主、自由、國家、民族……一大堆虛幻的名詞，為什麼不能包括我們的心聲？

　　而 1988 至 2000 年，擔任滿 12 年的台灣國家領導人，一生橫跨兩大外來政權，縱橫 2 個世紀，折衝國際，應對牛鬼蛇神，博得「台灣民主先生」尊稱的李前總統，在垂老之年，目睹台灣的百年滄桑，而他自己身歷諸多決策的驚濤駭浪、生死纏鬥，背負且承擔的是整個台灣，那麼，面對今後台灣的前途，他的感受、感觸、感懷、感嘆之餘，他的經驗智慧以及人格特質，可以帶給年輕世代何等啟發或衝擊？

　　我們恭逢這個大混亂的歷史場景，更直接親炙李前總統的魅力，說不定等演講結束後的 Q and A，可以激盪出美妙的前瞻。

　　至於這場演講，是我每個學期例行的延請現今典範、傳奇人物，讓我授課班級的學生直接親證的演講之一。現在，就讓我們歡迎李前總統開講。（視現場、時間，作增、刪）

李前總統演講後代結語

　　一個人如果不能有些信仰，或是超越他的資質及習氣的某些理想，隨時在鞭策、砥礪著他，那麼他就會愈來愈跟現實妥協，愈來愈勢利眼，或說媚俗化、私利化，這是政治人物最忌諱的項目之一，一旦政治人物沒有信仰或高超的理想，絕不可能朝向大我、世世代代著眼，愈來愈遠離智慧與格局。

　　在我的字眼裡，所謂「信仰」，指的是一個人終其一生，盡其所有努力，渴欲達成的目標或人格。例如一個人信仰基督宗教，代表他將全副身心，盡其一切的努力，要求其人格進臻基督的典範。簡化地說，信仰阿拉，就是竭盡所能成為阿拉；信仰媽祖亦即殫心竭力、一生奉行且成為媽祖那樣的典範人格。所以我說沒有信仰的人，相當於沒有超越小我的崇高理想！不只是一般宗教的「信仰」，而是一輩子為之生、為之死的浪漫情操。

　　「上主所造，必有其用意」，無論順境、逆境，都可以讓我們的身、心、靈有了更深刻的體會，絕非自滿、放縱或逃避、萎縮。年輕的朋友們，我在課堂上固然鼓勵、肯定多於對你們的批判或要求，我很清楚現代的年輕人，給一句批判的反應，一百句肯定也彌補不過來，不幸的是，真正對你

李前總統演講一景。（2015.11.12；成大）

們有長遠幫助的，是深刻入裡、誠實中肯，且適合你精神實況的批判。

　　上學年度我敦聘為大家演講的人，例如林義雄先生，他講的語氣很溫和，但內容是苦行僧式的嚴格自期；例如蘇振輝董事長，他談得太溫柔，內容僅只點到為止，有待有慧根者心領神會。一種米養百種人、萬類人，但逕取所會意、各

李前總統演講會場聽眾。（2015.11.12；成大）

適其性，而今天李前總統的演講，或許也會打開一些人的天靈蓋也未可知。

　　八通關古道上曾經兀立著 2 塊大石碑，各自銘刻著「山通大海」、「過化存神」。「山通大海」是人格、格局；「過化存神」是說有德行的人走過的地方，人們會受到感化，而他所留存的，就是深遠影響的精神。

　　印度阿占塔一個石窟內的銘文：「一個人只要在人世間留下清晰、生動、深刻的記憶，他就會繼續在天堂享受幸福！……」以此和大家共勉、分享！

為李前總統祈福！

2015 年 11 月 28 日我從網路上得知「阿輝伯仔」左大腦外緣小血管栓塞，27 日凌晨住院調養，雖然這是年歲身軀的自然現象，心中總是略感不捨，在此特拜請 11 月 12 日傍晚，親炙、受教於阿輝伯仔，且和他合影或感染他的精神、風範的年輕學子們，大家為他虔誠祈福、祝禱！

2008 年 3 月 11 日，阿輝伯仔為我倡論生死體悟，還五音不全地吟唱〈千風之歌〉，我們明白無常、有常都是妄相、沾黏，而生命必生必滅，但性靈永存，自性或靈魂簡稱為「性靈」，說它不生不滅還是執著。事實上，所有的身與心、自我與環境、典範與精神，或舉凡我們所宣稱的生命的意義，都是我們與時空流動、溝通的過程；內、外本來沒有分別，沒有一個「我」不包涵整個宇宙、時空的流變，或反之亦然。然而，現代教育的認知有了很大的偏差，只在膨大虛幻的自我。

阿輝伯為我們講解「我就是不是我的我」，我聽（及看）他講了 7 年半，他從來沒有講清楚，他也從來在此面向「不清不楚」。11 月 12 日阿輝伯開始念稿的前半段，最可能全場沒人聽懂他在講些什麼碗糕，好幾次我有種衝動，想作「註解」，但他老神在在，無妨。

李前總統 2015 年 11 月 12 日成大台文系演講前，在休息室很健談。左坐者為陳玉妹女士；左立者陳昆輝先生。

李前總統與阿里山陳家人合影，左起陳月霞女士、陳昆輝先生、陳玉妹女士、陳清祥先生。（2015.11.12；成大）

　　我在台上逡尋滿場聽眾的神情，如果是一般演講的場合，很可能觀眾會走光。有意思的是，有人閉目養神，有人狀似神遊，就是沒有人露出不奈的神色，大夥兒置身某種奇特的氛圍，靜默地讓阿輝伯仔聲浪的特殊能量迴盪。然後到了下半場的問答，總算將這等累聚的氣氛引爆。

　　事前我寫好「代結語」，好像我知道本來就會出現這樣的場景。

　　演講之前，我們在休息室，老先生氣勢高昂，邊談邊簽名送我兩本書。我本來還想在大選之後，訪談他對宗教哲思的點滴，但這次的晤談，我了知因緣生滅的大概。

李前總統演講後與學生合影。（2015.11.12；成大）

　　李前總統在台灣文明進展史上如同中央山脈，他樹立了台灣精神在造山運動的氣概與滄桑。他必然是台灣史的重大地標，但他最珍貴的文化遺產他一生沒講出來，幾百冊他一生行徑的文字也沒記載。而我知道，我為什麼特地在此時此刻半個月前，拜請他為我在成大台文系三班授課的年輕學子演講，因為這就是場域哲學，也是台灣禪門拈花微笑的見證。同學們無意識地感染了我台灣的核心價值，且超越理性思維的向度，所以我在代結語中，使用了「山通大海」、「過化存神」與大家互勉。

　　年輕朋友們，讓我們凝聚虔敬、合掌，為李前總統祈福、祝禱，還有廣大的台灣子民等待他的互相勉勵！但願他早日康復，持續無我的身教與言教！

敬致台文系同仁
的一封信

(2015.11.16)

敬愛的同仁,大家好:

2015 年 11 月 5-12 日期間,秀梅主任出國發表論文,囑咐我代理。

這 8 天內大致經手「第二次系務會議(評鑑自我改善策略送院)」、「聘新教師案會議簽結」、「台文系友會籌備座談會」、「校慶運動會」、「李前總統演講會」,以及「系旗

2015.10.22 舉行的評鑑會議。

2015.11.7，**系友會第一次籌備座談會。**

設計案」等，個人可以體會在這瞬息多變、飛網虛空的時代，擔任行政的費心勞形，因而合該向秀梅主任致意，感謝她的付出與承擔！

由於「代理」，故須向主任「報告」，附帶些微思考，一併分享同仁。

一、評鑑是過去式的「墓誌銘」，其精義該擺在 21 世紀的前瞻，先前匆忙擲出的改善策略之我見，但屬邊陲（我的研究室在停車場旁）陋見的一小部分，若干原則在此稍加交代：

1. 系所發展除了堅實過往創系宗旨、理想之外，似應盱衡台灣社會暨全球變遷，積極先手出擊，貫串學生、教職員、社會、國家、世界，新擬「綱要發展計畫（master plan）」，考慮全面變動性的因素，一舉釐訂百年大計。

　　2. 加建新大樓，涵蓋綱要計畫的目標之所需；擴展結合社會及國策諸面向，爭取全方位資源，而格局、遠見、團結、大我付出是基本面。

　　3. 行政旨在支援研究教學與學生議題；行政亟需經營遠見、格局、目標、方法、社會連結、機緣開創與把握；現行行政作業可以刪減大半，效能、效率可以提昇泰半。只要系所同仁同心協力，筆者估計，可以免除校方保守、官僚習氣的現行制約半數以上。

　　4. 細節

　　A. 現行網上會議已臻成熟，諸多例行事務直接議決，系務會議只臚列結論，不必再浪費時間無謂討論（除非有重大瑕疵）。

　　B. 系務會議應討論重大議案，重大議案每案最好有完整、周詳的文案，分析優缺點，提出種種可行性評估與依據，讓會議成員可以進行系統考量，詳加斟酌遠見。

　　C. 系務會議可以儘量以「付委」方式，交由各任務小組全權處理，免除情緒制約，發揮適才適用的高度彈性戰力。

　　D. 立即成立系所基金，俾供進行向外募款。

　　E. 系所工作日誌或大事流水誌想必已施之長年，包括影像、當下紀錄等，若有完整、精確的電腦建檔，則系務推展與歷史檔案必能流暢、簡便與周詳。

　　5. 系所發展總策略及目標

　　A. 台灣文學、文化旗艦的領航地位。

　　B. 系所最大本錢及優勢在於學生。

C. 在以生、師為主體的基礎下，總策略為：

a. 同心分工，任務編組，合作發展。

b. 不理學校，協調學校，引導學校。

c. 放眼社會，接軌產經企業，以及現今龐多的社會團體。

d. 連結國策，切入台灣主體文化，長遠深度建構。

e. 馳騁人性、國際、宇宙或時空諸向度。

（註：本土等意識隱之而逢機彰顯）

二、新聘教、職員工宜在綱要計畫完成後，通盤檢討系所發展的人力（含年齡、專長等）配置，再行徵才，似乎不必遷就一、二個職缺的年限。

三、系友會事務：2015 年 11 月 7 日召開第一次座談會，擬訂章程條款等例行事務。由於系友才是主體，筆者僅僅說

台文系操場一周同學。（2015.11.11）

台文系大一班代充當 2 小時「代代理主任」，表現亮眼。

明最好擺脫舊時代框架，自由活潑創意展現，另，甫一開始
籌設系友會必乏經費，故先小額捐助，襄贊而已。感謝清水
及夫婿的辛苦服務，也謝謝乃慈老師出席協助、聯誼。

　　四、校慶運動會（2015 年 11 月 11 日）

　　筆者初來乍到，為瞭解全校概況或若干氛圍，要求大一
班代權充「代代理系主任」2 小時，走在系隊伍前方、系牌
之後，且臨時編劇，讓系隊經司令台前高呼：「台文系！
讚！」而大一班代表現亮眼，值得嘉許！筆者好整以暇，
可以俯瞰全校各系，一些觀察條列如下：

　　1. 成大校慶運動會開幕式依大學層級而言，呈現離離落
落，散漫而乏朝氣，較屬例行性事務。

　　2. 全校各系所旗幟普遍粗陋而欠用心；各系所創意表達

不足，似乎但求聊勝於無。

　　3. 台文系各方面配置、安排活動等，相當於掛零，服裝近似素樸村姑，學生活潑度不足，在此「嘉年華會」的張力甚為薄弱。可以改進者列舉如下：

　　A. 製作精緻合宜的各類型系旗、系服、系徽、名片、吉祥物、各種 logograph（logogram）等。

　　B. 系所師生似乎不大在乎校內、外表現？改善大有空間？

　　C. 本系所舉凡戲劇藝文創作相關課程多樣，似乎可建議相關課程老師在授課或對學生指導的要求面向，配合有關活動隨時隨地「演出」？！甚至可蔚為傳統。

　　4. 筆者關切的重點在於如何營造台文系整體的榮譽感、認同感、自信心等等，凡此無形氛圍的提昇，必有助於如轉系等問題的降低。

邀請李前總統演講是筆者本學期例行授課的二場專題演講之一。

5. 台灣社會目前對台文系的認知似乎相當有限，以通俗的「知名度」而言，一些深具美感或高度感染力的象徵物（服裝、旗幟等等），必可營造加分效應。

6. 任何師生隨順多用一分心力，在在有助於系所榮譽認同的氛圍。

五、李前總統演講會（2015 年 11 月 12 日）

鑑於此一專題演講乃筆者每學期授課的例行安排，故而未在文宣或對外傳播台文系的功能上，多加著力，但當天及後續，傳媒及網路傳播，對本系的正面宣傳，不無些微附加價值效應。至於若干傳媒故意扭曲誇張陸生的「嗆聲」，筆者立即在當夜 FB 上駁斥。

感謝林瑞明教授、蔣為文教授、廖淑芳教授、簡義明教授（若有遺漏請原諒）前來捧場；黃正弘副校長、王偉勇院長全程含接、送，熱心相挺；最該感謝的，台文系學生、助理工作人員：蔡佩茹、梁羽楓、許育寧、鄭沛珊、趙彥捷、吳克威、郭憶璇、蘇鈺涵，任勞任怨處理爆滿人潮入座及維持秩序，乃至事前、會後的多次佈置、動線調整與收拾雜物等。還有崇華廳場控、警衛等執事，在此一併致謝。

由於此演講實乃一次課程，提供學生參考的資訊（新聞稿、因緣、引言及代結語等 4 篇短文）；此外，李前總統的演講，以及問答全紀錄，即將整理出逐字稿。所有文字檔鋪陳在「山林書院部落格及臉書」，以供學生查閱。

另，檢附照片若干。

六、系旗設計案

筆者委託設計「台文系旗」第一面已完成，並電傳同仁

吳欣芸製作成大台文系系旗 3 版本。

指正諒達。依據同仁意見，已請設計師另行設計較輕鬆活潑的圖案。

感謝施懿琳教授、游勝冠教授、廖淑芳教授、劉乃慈教授等惠賜見解或建議。

包括國旗、國徽，乃至系旗、系徽等，等同於原始部落的圖騰，代表該單位認同的總象徵，設計宜慎重。然而，時序已屬後現代的如今，筆者認為何妨採取多元多面向的創意表達。最後定案為何，但依公議。

以上，依代理職責，有陳主任，並分享同仁賜正。

許多人偶會質疑，如果政府某些單位不見了，或消失一段時間，世事一樣正常運作，說不定還會更好。筆者「代理」8 天，只是「名義」的空相，實質運作是系辦，最後最感謝的是我們擁有最優秀的鄭姊與麗冠！

台文系所發展
第一次小組會議備忘錄
(2015.11.25)

～台文系所最大的優勢在學生～

～只要有心，所有的挑戰都是甜蜜的回饋～

一、為什麼美國二百餘年歷史，可以很快地由東部的歐洲哲學、文學，走向西部拓荒、原野思維，產生新世界的主體文化，而且不斷更新、創造時代潮流？而台灣四百年了，現今依然停滯在本土的口號，甚至連口號也不流行了？

1. 20 世紀中葉美國文化存有「兩個美國」，一個是不列顛精神支配的美東文學，另一個即純粹的美國，包括如北方人印地安那州的牧人。前者帶著英國的文學遺產，產生了愛默生、愛蘭波、桑塔亞那（George Santayana）；後者孕育了身強體健、性格直率、生活簡樸的人，產生如林肯、梭羅、懷特曼、馬克吐溫、威廉‧詹姆士（W. James）等等，杜威也是其所從出。

20 世紀下半葉，美國哲學更走向了荒野，緊密地結合了北美洲的土地。

台灣呢？我閱讀了如林瑞明教授的台灣文學回溯諸大著

作，內心愀然！台灣過往的菁英，花費了最大的氣力，應對著外來政權的現實，而我看重現今年輕世代的無窮潛力，我寧願著力在厚植台灣的山地及海洋的活體遺產。

2. 個人在台文系所的時間有限，只能在根源、本質、核心議題，揭櫫若干關鍵或原則，然後直接跳接實際計畫、方法或措施，因而中間龐多界面及內容，有待填補。

二、我們亟需幾項應限期完成的草案、計畫、說帖或實用的細目等等。

1. 目前會議或溝通的現象，似乎有一傾向：愈談愈細節、愈趨個人化的感覺、感嘆、好惡、私我、以偏概全、訴之感情……，有點兒像是夫妻或小孩吵架、頂嘴，常常無法回到結構綱要，並放大格局。

2. 目前能做事的原則

A. 以案例帶動改革。

B. 責成專人研撰各項專案。（直接寫出實質內涵，切勿再流於口說、嘴砲）

3. 可以立即研擬的專案

A. 台灣文化宣言。

B. 台灣文學宣言。

C. 台灣文學 21 世紀發展計畫。

D.「台文系所研究‧教學大樓」籌建計畫及規劃。

E. 台文系所基金的設立。

4. 可以委請學生立即進行或嘗試的案例

A. 統計歷來各項文學獎項得獎人的身分背景，出身中文系、台文系、各系所等等。（包括官方或民間任何單位）

B. 搜集歷來各項鼓勵文學創作、文化深耕的辦法。

C. 台灣文學百科全書基礎資料搜集、編撰計畫。

D. 國立台灣文學館總剖析。

E. 現今民間文學創作調查。

F. 比較目前全國十七個台灣文學系所或相關系所的發展宗旨、組織結構、特色、師資、學生出路……

G. 現今台灣文化產業概況。

H. 現今台語文創作一覽之調查。

I. 區域文學比較。

J. 目前各種國家考試、用人之相關於台文系所總調查與分析。

K. 台灣文學系最適合發展的特定專業之研究。

L. 台文系最宜設置何等輔系，以利就業？

M.……

（舉凡客觀資訊的收集、比較、解析，多多益善）

三、兩項近程理想與目標（軟硬體）

1. 硬體（A）：現今台文系館規劃為「文化文學展示導覽館」，周遭復育為熱帶雨林新園景，使之成為成大暨台南的文化地景、地標。

2. 硬體（B）：新建台文系所研究暨教學大樓，可立即進行空間、配備需求的調查。原則上以 24 位專任教師、36 位兼任教師、職工 4-6 位、學生 5 百位，外加諸多研究、教學、儲存、特殊教室等等空間配置為規劃。

3. 軟體：每學年度聘請諾貝爾文學獎等級的全球菁英，擔任至少一學期的客座教授講學。

我比得到諾貝爾文學獎還高興
——亞歷塞維奇女士，我愛妳！

　　看了 Svetlana Alexievich（斯維拉娜‧亞歷塞維奇）以「第一位報導文學」寫作方式，獲得 2015 年諾貝爾文學獎的內涵，以及她接受訪談時，說出來的，普世人性的話語，好多次我眼眶濕潤。那是熱淚，遠比我自己得到文學獎還高興，因為只消把她原鄉的地名改為「台灣」，完完全全一體適用，而且，請原諒我庸俗地「比較」，我遠比她幸福、幸運，因為我「擁有」250 萬年來台灣天精地靈山林的庇蔭與祝福，更

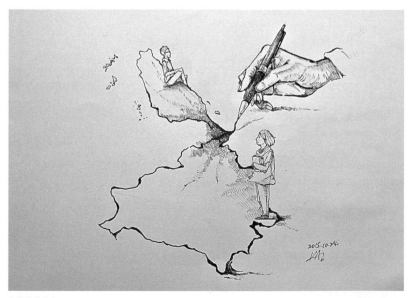

（吳欣芸繪）

接受全球最熱情、超越善惡，台灣禪門的草根朋友，無限的
加持。

　　台灣民間從來認定，戲棚上下或內外，都是同一種人
生，沒人分得清戲夢或人生。奇怪的是，3、4百年來被汙
名化的一些台灣文人，堅持文化次殖民地的賤民位格，抱殘
守缺、相濡以沫。霸權定位方格，他們絕不敢劃圓圈。
於是，小說必然是虛構，還自美為「創作」，所謂的作家，
自往臉上貼金，明明只是手淫、自瀆，偏偏不要臉地宣稱心
靈昇華與想像創發；沒能力洞燭真相，卻自我美化為「文」
學，自成小圈圈，互相抹粉、彩粧，墊高豬圈叫文壇，靠藉
著外來政權的豢養，自肥而近親交配，而每當這面霸權快倒
了，就趕緊靠向另一邊，玩弄著文字遊戲從中牟利，卻自命
清高。就拿現今 KMT 快倒了為例，少數從來賣盡、利用台
灣的奸佞客，又在囂張的模樣，令人反胃。

　　這不是台灣的特徵，而是全人類共通的「缺點與優
點」，亞歷塞維奇批判說：「歷史其實正在走回頭路，人
類的生活沒有創新。」是嗎？只要拉寬時空，從生物演化角
度俯視，人依本位、自私自利的觀點，設定了一些自圓其說
的偏見而已，差別在於，人對自己價值、人格的選擇，而不
在於圓謊的說辭。

　　顯然的，亞歷塞維奇選擇了很合筆者口味的裸真，她認
為她只寫「真實的事情」：「我不需要虛構，因為真實的生
活已經充滿生活的真相！」而我一生在台灣的閱歷，看不完
比小說更小說的草根事實，而對一些文人創造性的模糊，以
及其本身弱智鄙陋的反射，不齒。我一輩子不可能是某些台

灣文人定義中的文人，而新諾貝爾文學獎得主講出了我一生
幹盡的爽事而獲獎，我當然比自己獲獎還高興，這是遲來數
百、千年的真實。

　　亞歷塞維奇以無可救藥的浪漫，吐露永遠的天真：「我
寫了 30 年，寫得筋疲力盡，為什麼我們已經受夠了這麼多
苦，還沒換來自由？我光想這問題就想瘋了！」

　　我們在台灣，3、40 年對母親母土如何免於被毒害，天
然林等自然生態系如何不要再被荼毒、消滅，何時何日台灣
可以成為正常國格的國家，台灣人如何找回本當具備的主體
意識、歷史文化，外來霸權一再決定我們靈魂的內容……我
們聲嘶力竭、遍體鱗傷，但我們沒有想瘋、氣瘋，因為那是
人性使然，只不過台灣的惡質文化顯然被汙染的時程太久，
多如牛毛的背骨例子，找到「自我安慰與脫罪」，而且，只
要背離台灣人、汙衊台灣良知的大戶，從來坐享榮華富貴，
歷代不衰，請看現今吃盡台灣、占盡台灣便宜的霸權、
錢霸，綿延數代，吸吮台灣平民草根的鮮血，反過來咒罵、
鄙夷台灣是鬼島、台巴子，台灣人低賤、沒水準，這樣的
「外省掛」及「台奸」有多少？這樣惡魔血統在檯面上下，
依然在主導台灣！

　　除了人性的弱點之外，台灣最主要的毒素來自宗教迷信
文化所滋生的自虐，以及菁英份子的自甘墮落或沉淪，欠缺
足夠多如亞歷塞維奇的浪漫與堅持。

　　亞歷塞維奇在開罵自家白俄羅斯人：「大眾只能靠著把
小孩養大來自我安慰，接受權力有黑暗面與現實妥協，連
知識份子也變成這樣……讓我非常絕望。」「1990 年代我

們曾經很天真地相信，馬上就能獲得自由，但自由需要自由人，而我們現在還沒有自由人！」她認為前蘇聯國家之所以走到今天的絕境，是因為人格、心靈長年被威權統治所扭曲，「只剩下見風轉舵的投機心態，既無法判斷是非，也不願承擔責任……」

亞歷塞維奇這段話同樣罵盡 KMT 統治下大部分的台灣人！她替我罵出了文明、理性的省思，但更深沉的價值觀、人心的脆弱面，台灣有套封建餘毒數千年的塑化劑，從來都在麻痺人心。

台灣幾萬間廟宇寺院，從來由一大票妖孽、黑道及白痴信眾等等，傳播著邪惡的偽善，利用反信仰的迷信、教化傳媒，幾乎沒有例外，悉數傳播奴隸、賤民的修身養性、捐獻佈施，以此「功德」成就邪魔，就是完全放棄探討社會結構的因果、服膺數千年帝制皇權，將政權視同帝權，不容忍任何質疑，最低級的甚至直接禁談政治，另一極端則大剌剌地統戰大小宮廟，稍有人不從，一則利用「愚民義和團」，以一臉偽善、偽慈、偽悲，高倡美美的爛調，重複表面無懈可擊的善良，遂行麻醉式的偽道德勸說；另則祭起民眾對鬼神、靈界的無知，大行咀咒、威脅、恐嚇的酸語臭詞，罵街、罵天、罵地。

台灣未來 3、50 年可以進行的文化改革，宗教、價值的文化結構暨內涵，絕對是最重大的挑戰，也正是台灣能否擺脫歷史夢魘的關鍵，如何走向健康心態，建立國格的根基。

讀者朋友們，特別是年輕世代，這個議題最值得大家深入究析，否則，新世代也只能如同亞歷塞維奇的「想瘋」、

「氣瘋」，卻解決不了根荄核心問題。而我近年來打入魔界的方式或途徑，是先找出台灣傳統宗教的正面，也就是自覺的能量，相對於過往數十年前，前人（包括我自己）從純批判角度的切入。世界上沒有完全或絕對負面的東西，覺性的啟發，可以勝過負面的非議，真誠面對自己的缺陷，才可能跨出悲劇的輪迴，而且，人只要活著，無時不刻不是處於自我鬥爭之中，任何起心動念，都必須進行內在的反省。因此，自我標榜在做善事的人，有可能正處於惡質的汙染心。我第一次訪談台灣號稱至尊善霸的泰斗 2 小時，我寫出的心得紀錄，第一句話是：「那些自以為在做善事，一切都是美德、慈悲的人，很可能是很恐怖的人，因為他的內心滿滿的，都是慈悲、善良、道德，滿滿的都是，以致於整顆心沒有空隙，無法裝填其他的東西！」

　　我向至尊說：「佛陀問世的 2 千 5 百多年來，世界的善未曾增加一分，惡未曾減少一分。」結果立即遭到該批「修行人」打臉：「哪是這樣！台灣要不是有我們，就沒有今天的善，因為有了我們……」好可怕喔！他們提醒我永遠的反思，他們顛覆了我長年對佛法、自覺心的體悟，我只知道無心、無念、無住，我完全不懂得如何慈悲行善。

　　就連大乘唯我獨尊痛斥的「一闡提（Icchantika）」，都存在兩個完全相反的極端解釋，而所有的解釋，無非希望破除各種無聊的自我設限，還歸本然的自由自在，偏偏我們的宗教魔界，卻恆向執著處渲染；從來惡魔講出的，絕大多數都是美美動人的好話啊！

　　看了亞歷塞維奇痛批自家人的話，我懷疑台灣 70 餘年

的統治者完全是同一批人，而她竟然天真到說出：「獨裁是一種很原始的政權……這些領導人根本沒什麼教養。」「……深感史達林不只是無所不在，甚至是我們的價值座標。」「現在的獨裁者已經進化了，世界各地可以看到不同的變種！」請轉身看看當今的台灣領導人、部長、院長……她的話，讓我懷疑我們是異父異母的同卵雙生兒！

我在 1980、1990 年代不斷口誅筆伐台灣惡魔，也反覆提醒國人：一切都在「進步」，包括統治技巧！「任何人跟怪獸戰鬥，最須提防的，不要自己也變成怪獸！」2000 年代我痛批 DPP 已經 KMT 化，如今呢？！KMT 當然要讓它死盡、腐盡，但我已看到 2016 年之後，另一波劫難了，而且，我從所謂的「第三勢力」，看到更加沉淪的品質，所以只好繼續培養更年輕的新秀，核心的議題就是反省能力、人格選擇、無私性靈的培育。涵養是培育出來的，幾萬年來人類的基因並沒有顯著的改變啊！然而亞歷塞維奇竟然可愛到批判「領導人沒教養」，可見她善良得有點兒智障。

她在 1990 年代的民主改革：「充滿熱情，但近年卻轉為失望，政府由少數既得利益者掌控，媒體充斥政治宣傳，平民生活絲毫沒有得到改善……」台灣呢？1987 年解嚴，乃至千禧年首度政黨輪替，凡 13 年我視為台灣的文藝復興時代，很可惜，阿扁上台後，台灣社運就爛趴了，台灣社會的反省力死亡殆盡，都被台灣傳統的「教養」腐蝕光了。而 2016 年呢？我絕對支持小英，但我已看到第二、三波台灣人的腐化正在醞釀，因為傳統毒素從未被革命，我也懷疑 DPP 有何信仰或內在台灣正面精神的內化！因為迄今我們

還沒有足夠多的「自由人」啊！這「自由人」等同於「覺悟者」。

你看不懂我在談的精義沒關係；你要反駁、批判我，歡迎！文化的咀咒如果不能被破除，再多形式、權勢者的輪替，只是鬧劇或悲劇，來自中國及 KMT 的毒素太久、太深，而且，近年來他們對台灣社會、整體正面力量的折損太過龐大啊！

我欣賞、讚嘆亞歷塞維奇田野、口訪的精神及拚勁，她得訪談幾百人以上，才寫成一本書，她更要逼出、誘發受訪者，說出內心深處的恐懼、希望與真實的感受，「光看他們如何把痛苦說出來，本身就是一種藝術」；「每個人身上都有祕密，採訪者得一再嘗試新的方法，幫助他們願意把噩夢說出來」；因為「在我們的文化裡，故事大多透過口耳相傳，很少寫下來！」

台灣情境幾乎一模一樣，我直接將台灣 3、4 百年外來政權統治下的主體文化稱作「隱性文化」，因為它只能在地下口耳相傳，且躲藏在禪門不立文字的神話象徵中，暗暗流傳，正、反面解釋都通，以致於台灣最大的正向力量，始終包裹著最齷齪、下流的外衣，也讓一大票「惡鬼格」的台灣人，頻常藉助模糊地帶，左右得利、上下其手。亞歷塞維奇及白俄羅斯社會的涵養程度，雖然不宜拿來跟台灣相提並論或相互比較，不過，從她在罵「連知識份子也變形成為現實的妥協者、接受權力的黑暗面」看來，台灣的知識份子顯然不堪得太多了！到底台灣還殘存幾個「知識份子」啊？！當啞巴，坐享既得利益者還算不錯的，歷來以台制台，扛著台

灣反台灣，不管哪個政權都吃香喝辣的，一大堆喔！我也看到 2016 年以後，許多本土變色龍已經搶占好各大位階，準備繼續大幹一票了。

　　為什麼？因為台灣迄今從未實施轉型正義。轉型正義不該只針對外來政權的劊子手，也該針對一大串假台灣人知識份子，更得面對數百千年來，從未被平反的歷代冤魂，包括動、植物及天然生態系。我是個不善「做人」的人，一生從不懂得「社交」，但像我這樣人面窄隘的人，遇見過的「台奸奸」，少說也有幾打以上。雖然我同情多於不屑或鄙視，但為私利卻傷害整體之善，畢竟只會引起社會反覆擺盪的振幅、頻度加劇，橫教更多的台灣人，輪迴在業障的迷途。我了然善惡的弔詭，除了無念、無住地，相互激盪之外，也無計可施。

　　我一生相信藝術就是反映時代的夢魘與希望，只要是誠摯、真實地面對自己、面對靈魂與神鬼，或終極究竟處，則不分人種顏色，血液通透是紅的，感受一個樣，不過，台灣與白俄羅斯未免相似度過高，畢竟我們真的是「活在黑暗時代」，雖然現今表面上台灣已經百無禁忌，從沒有自由的秩序，走到沒有秩序的自由，我還是期待，可以走進內在更深沉的自由。那種自由，徹底以自律、自重、高度反省暨反思為基礎，進而可以放下心念的黏附。

　　上學期末，我曾經敦請修習我三門課程的學生，嘗試在一個月內，列舉值得自己關切、瞭解的，全球十大事件或議題，或任何國際、歷史大事，並且，試著在一年內，可以連結到其中至少一個議題，身體力行去進行關切或付諸行動。

而今年白俄羅斯作家亞歷塞維奇的獲獎，給我天涯若比鄰的
實例增添一則，在此，我特地以她的事例，浮光掠影地
提出，期待台文系所的學生，盡可能閱讀、追溯我們遠親
的故事。不久的將來，我很想邀請亞歷塞維奇到系上來演講
或交流。

33
業障

　　日昨系務會議上，為了要擬定補助研究生出國發表論文等經費問題，我忍不住講了些許的話，因為我看到申請辦法的繁文縟節、重重關卡，還加上經費 2 萬塊不等的限制，我頭皮發麻。我講出的話大意是，學生是「需要」，因為他們目前是經濟上的弱勢，補助是美其夢，可以由 2 萬到全額，反正還有委員會的審查機制，訂辦法時不必綑綁死自己，也不要摒除外國學生，理應站在普世教育的格局云云。

　　不料短話一出，有教授噴飯的立即反映：全額？那不就比老師還優渥？！還有人反映，目前基金只有 40 萬，很快用完怎辦？

　　當下，我脊背都涼了半截，只好說：

　　「既然講了，就讓我多講一分鐘。大家為什麼只看幾十萬，而不想幾十億？我們已經錯失了去年可以撰寫全國文化、文學政策的大好機會，一舉解決 3、40 年內我們畢業生出路的問題，而讓台文系變成炙手可熱的顯學！我們目前的系館適合當展示空間，外圍復育熱帶雨林；我們只消募得 3 億，蓋一棟像樣的教學、研究大樓；我們本來就該是台灣文化、文學前瞻的旗艦啊！」

　　「我每個學期帶學生 3 班出野外，花在學生身上每學期

超過 4、50 萬；我請人來演講，一場一萬二演講費還不包括
其他，這些都不是我的錢，我的薪水也不是我的錢（註：事實
上花的錢遠比講出的多很多，包括畢業生創業基金、外國學生年節習俗、個別
學生鼓勵等等，我沒講出口的是，我在乎的不是金錢，而是格局、善根、心胸、
素養⋯⋯），大家不多在講夢想、美夢，我到任何地方，只想
帶來世代希望與未來；你們都那麼年輕，怎可能沒夢？！你
們講的一些道理我都同意，但不會也不該礙著理想啊！」

我不開會走掉了。我繼續做我能做、該做的。

曾經我分析自 1950 年代、60 年代⋯⋯，到千禧年代出
生的不同世代，舉凡人生觀、價值觀的變遷，歸結出 1980
年代出生者是有史以來最幸福的台灣人；1970 年代出生者，
比較看不見長遠理想性，稍著重在現世名利；1995 年以後
出生者，最可憐，也最富挑戰與開創台灣未來的機會，等
等。因為國家社會總體的氛圍，真的可以左右人格的培養！
1970 年代出生者承受過往世代的悲劇的惡果，因為現今的
大老闆、老人家，在 KMT 培育下的格調偏向奴性的自利
者，他們通常不想台灣的未來，當景氣不看好時，就賣給
中資，中飽私囊而不顧員工與台灣世代的根基。

同理，現今大學教職的中堅，正是同一批產物，長年在
「小確幸」（註：我實在很討厭這類小鼻子、小眼睛、小耳朵、大嘴巴的噁
心名詞，這是馬統政權下的代表名詞之一。）的「寵幸」之下，喪失了
活體心智，只在腐敗政權丟出的殘肴爛肉中搶食嗟來食。幸
虧還是有一批批「異類」，很艱辛地，無怨無悔地默默耕
耘。可以說，真正帶動社會改變的，從來都是這些表面上
「犧牲」的先行者，但絕不會是那群標榜在「行善」的人。

　　我寫這篇小註記，旨在彰顯這些「無功用行」的台灣人，他們不會是一些乘著順風船的投機客。2007 年以後，在許多社會湊熱鬧的「正義、公益」場合上出現的「文人」，我只會感受他們「晚了 2、30 年」！

　　台灣永遠存在著普世兩端的拉鋸，但大學的敗壞就是先於社會腐爛的 20 年，這一波腐敗的影響，估計將帶衰 2010-2040 年的台灣社會。此間，正面力量的撥亂反正效應，或在未定之天。而今後 2、30 年必將決定 21 世紀下半葉台灣的命運（註：這一句是廢話）。

輯四

社會

給親愛的少年郎幾句話

(2015.8.6)

今天是冠華的頭七，他在我們的身邊，讓我們向冠華致敬、默禱！大家有什麼話，就默默地告訴他。

親愛的台灣少年家、青年朋友：

大家辛苦了！

我是成功大學台灣文學系教授陳玉峯，我要向大家誠懇地表達感謝與恭喜！

台灣民主或弱勢運動史上，從來都是民間逆向教育政府、輔導權勢作改變，恭喜大家，你們以最純真的台灣乃至普世的人性，締造了打從靈魂、內在良知，最有力量的改造先鋒；你們譜寫出台灣文化的新境界，你們正在改寫台灣歷史！在我心目中，你們對台灣歷史與人性做了總清算，你們是現今台灣人心的照妖鏡，你們更提出了美麗台灣的新希望。台灣有你們真好、真善、真美！

沒有你們，我還不知道是「馬統政權」跟「中統課綱小組」，又要屠殺台灣新世代的靈魂；沒有你們，我還埋首在自以為對社會有幫助的寫書、思想傳播，是你們提醒了我，在適當的時機，做出最正確、最良善的行動，才是對社會、對國家、對世界、對良知的最好貢獻！包括放下一大堆自以

為的努力或付出，包括必要時的徹底付出。

　　當我正在書寫著綠島政治犯悲慘的歷史回顧時，傳來林冠華烈士的喚醒國魂，然後，又看到了你們跟違法亂紀的所謂部長對談時，先是痛哭失聲、奪門而出，再而下跪，甚至於說出對教育的恨！我當下肝膽俱斷、老淚縱橫！還有之前，有史以來第一遭，國家教育部控告高中生，所謂的部長還在枝梢末節玩弄兩面手法，喔！實在是 ATOSi（會吐死）！

2015 年 8 月 6 日筆者在教育部前燒毀教授證書。

　　8 月 3 日我想好了我可以做什麼，我想將印有「教育部」的教授證書、博士證書拿來教育部焚燒。因為所謂的教育部，以前要台灣人民反攻大陸、效忠領袖，跟中共政權勢不兩立、不共戴天，它相當於政戰部；現在的教育部呢？已經淪為統戰部、說謊部，失掉了國格、靈魂主體，也拋棄了教育的本質與良知，這樣的教育部早就該廢部了。像美國的教育決策，是掌握在各州政府，聯邦的教育部只是支援性的工作。台灣不需要這樣的政戰部、統戰部！不管過去到現在、到未來，台灣人民的教育資格、考核，種種客觀的認定，應由普世價值、健康人性、

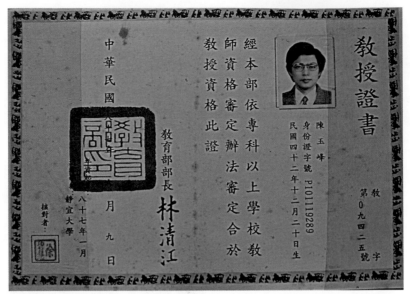

2015 年 8 月 6 日筆者在教育部前燒毀的教授證書。

台灣主體來認定！

　　親愛的少年家、少年郎，你們表面上說「恨」這個字，事實上，骨子裡是「大愛」與「純真」，你們是大愛情深講不出來，才轉變為「恨」這個字眼。我要告訴大家，你們具有足夠的愛、純真的愛，足以同情、原諒這些自大、傲慢的「大人」們，他們真的很「大」！頭很大。

　　我講一、二個渺小的故事，說明大家應該可以原諒「大人」、包容「大人」們。

　　我年輕的時候有一天，在台中中港路上看見前一部汽車丟出了一包垃圾，我緊急煞車、下車去撿起來，然後趕了幾公里路，超前把那部車攔下來，我告訴那位司機：「先生，你的東西掉了，還給你！」你說，他會不會反省、改變，我

不知道，他也許在心裡幹譙三字經，他也許……，但那是他的事，人只能對自己的行為負責，不能強求別人！重點是我做了，而大家現在做的是驚天動地的大事；我做的是頭皮屑的小事。

另一件。我在東海大學附近的小巷，看見前面有車，我停下來。前面的車竟然不前進，反而倒車撞到了我的車頭。我們都下車查看，我的 Banbar 凹進去了一塊，對方不但沒有一聲道歉，反而說那是我的車本來就這樣了。因為我的車看起來很老了。明明是他錯，他卻反過來說本來就這樣了。

我當然生氣，我告訴他這是小事，你承認了，說聲對不起就好了，我老車沒關係啦。沒想到對方還是堅持那車本來就這樣了。我說你再說一次，他再說一次。我說你再說一次，我就砸你的車。他說第三次，我就拿起地上的磚頭，往他的玻璃砸下去。

他打電話叫警察。警察來了，聽完經過，跟他說：「他砸破你的玻璃，你可以去法院告他毀損財物。」然後轉過來跟我說：「他撞凹了你的車，你可以去法院告他毀損財物，要麼你們和解，要麼你們去告，但你們要告，先留下你們各自的駕照，我開你們違規。」

後來的事就不說了。

事後我檢討自己，我只為了堅持有錯的人要知錯、反省、再出發。我堅持他必須認錯，我硬要逼他認錯，所以浪費了大半天。請問，他會承認他錯了嗎？不會。他絕不肯認錯，因為他是大人，他會說：「幹！」世風日下、人心不古，我今天遇到了流氓，這社會已經敗壞到到處都是流氓。

　　親愛的年輕朋友們，你們知道大家現在在對抗什麼嗎？大家在對抗的是幾千年腐敗的文化、負面人性的癌症；你們痛恨的是權勢大人的虛偽、現實、自私、貪婪、謊話連篇、齷齪與下流，他們要的是面子、權勢，他們最欠缺的是坦白、誠實、充分的感情、大愛、理想與良心！而這方面，你們最充沛。

　　現在的教育部、總統府、背後的藏鏡人，最欠缺的就是同理心、台灣主體的靈魂意識、純真、理想性、良心啊！在我的認知裡，你們正在做的事，就是送愛到教育部，送良知到教育部，送真誠到教育部。但是，他們是活殭屍，需要更多的愛，更長時間的溫暖，才會轉化。大家一定要愛他們，我們一定要溫柔地感染他們！

　　我很能體會老朋友葉菊蘭女士對大家講的話：「你們承受壓力，被迫密集成長，但對未來卻深感挫折與憂傷。」她希望大家可以在校園擴大展開大家的努力，讓更多的同學和大家一樣，一起反思台灣教育的病徵，一起錘鍊自主學習的能力，師生共同對課程、課本的多元思辨、對話，衝破教科書的制約羅網，這是對抗違法課綱或洗腦教育的最大力量，這也將會是台灣教育方式與校園文化真正的一場革命！對啊，先前大家不都在談翻轉教育嗎？現在不正是最佳翻轉的時機嗎？！

　　親愛的朋友們，我想起我們這代人受過的體制教育，再看看現在，我甚至有一點點邪惡的想法：我巴不得他們蠻幹、硬幹呢？！這方面就不要再說了。

　　我來，我要告訴大家，你們是 20、30 年後台灣社會、

地球人的菁英、領袖，人類最棒的創造性資產。我來，我要說：「我愛你們！」整個社會、全球各地都有幾百萬、幾千萬的人跟大家站在一起，更重要的，你們、大家、我們都跟未來、跟希望站在一起，因為我們具有純真的愛！

　　就我個人而言，這是最單純、最坦誠的愛，卻也是最苦澀的愛，因為台灣歷史幾百年了，我個人走過 60 幾年了，為什麼台灣人不能寫自己的教科書，而且可以在體制內實行？！為什麼到現在我們還是得被迫被外國人來塗抹、汙染我們的靈、魂、魄、主體意識？！為什麼 5、6 個政權了，台灣人始終沒自己的聖山、自己的太廟？！所以我期待 2016 年。

　　我不能多講了，如果有機緣，我很想跟大家分享必將取代人類現今政治體制的「熱帶雨林政治學」，還有很多、很多……

　　有白天就有黑夜，有日出就有夕陽，休息真的是可以走更長遠的路。去年 318……（略）

　　千言萬語，我只能說：「我愛你們、我愛我們、我愛台灣生界、我愛地球、我愛慈悲智慧的鬼神！留住青山、留住台灣的生機與希望！大家千萬要保重！無限祝福！」

　　現在我要焚燒教授證書、博士學位證書！

退回畢證、消滅大統課綱

2015 年 8 月 6 日我去教育部前撕燒教授、博士學位證書之後，據嚴台長轉述，望春風電台的 Di-Di 說：「那我們能燒什麼？國小畢業證書？」

一聽此話，猛然給我一大刺激：「對呀！我怎麼那麼豬腦（對不起，這樣罵對不起豬）！為什麼我只想到我要去抗議外來政權的思想打手教育部？我應該發起全民退還畢業證書給

解救教育部！

教育部的運動啊！」

　　試想，一半的台灣人民退還國小畢業證書，則有１千１百50多萬張，加上初中或國中畢證，就有２千３百萬張；再加上高中、高職等，少說也有３千萬張；再再加上大專畢證、各種教育部相關的狗屁嘮叨的獎章、獎狀、認證狀……，通通運往教育部各個出入口傾倒，

告慰林烈士……

嗯！一定很壯觀，然後，這些證書可以折成紙飛機……送進教育部，等等。

　　如果他們繼續只「思華」、不「想台」，我們可以癱瘓教育部，給它一個全民反教育啊？！我相信只要台灣人民一動腦筋，千萬種詼諧有趣又無傷大雅的有力抗議途徑，必然雪花片片、灰塵揚天，足以埋葬掉殺人三代的洗腦部吧？！

蘇迪勒 (Soudelor) 颱風
—— KMT 徹底垮台的最後一根稻草

　　由長年研究經驗、近年氣候及生態變遷、台灣歷史事件歸納、宗教及直覺感受，我預測 Soudelor 及後續災難的連鎖劫變，很可能徹底終結 KMT 在台的統治，2016 以降，台灣全局改觀。

　　提醒全國中海拔山區，先前尚未真正潰決的，土地不當

無限祈福無妄無相！

利用山區,恐將有浩劫;沿海地帶也可能出現未曾預料的變化;都會地區的人為災變則例行發生或加劇!

　　台灣歷來天文、地文、生文與人文的大改變往往相互牽連。馬政權這 7 年的倒行逆施已注定敗亡,台灣全國人民該注意、警戒的是,可能連鎖發生的傷亡與損失。筆者不願多造口業,只期待全民戒備,更向全國真正誠摯的修行人呼籲,共同集結念力,化解無妄之災,至少盡可能降低無辜者的劫數。

　　謹此,無限祈福,無妄無相!

中部 NGO 聯合辦公室揭幕
暨聽友會座談致辭
(2015.8.30)

感恩台灣天地、眾神靈！

感謝各地前來的朋友，在這樣的落雨天，這麼熱情地帶來對台灣的祝福，我只能說，台灣有大家，就是世代的福氣，台灣的福氣！

我一世人上課、演講有種情況講不出話，也就是像今天的這種場合，歸場攏是同國的，為什麼？因為哪有人回家還要演講的？！大家都是家人，所以才是「大家」啊！

因此，我不講客套話。

第一，這棟樓的主人黃芬芬女士，因為過去曾參加我辦的營隊，她知道我一輩子都在做什麼事，所以她說歡迎「山林書院」來使用，所以，我想取之社會，用在社會，所以，花了一筆錢打點一下，歡迎環保團體、公義團體、運動團體或人士，可以一齊來加以利用。這也就是今天這個聯合辦公室開張的意義。

第二，台灣人、台灣文化最大的特徵就是默默做事，做很多利他、付出的事，卻不張揚、不認為做什麼善事；右手做的好事，不讓左手知道，右手也忘掉了，而自自然然、自自在在，我謹向各位義工朋友、助理，致上最大的感恩！

　　第三，台灣終於即將破除將近四百年的夢魘了，我希望我們年歲稍大一些的老輩分，可以為世代未來做點有意思的小事，例如社會企業、新世代共生文化的創建。所以，麻煩這陣子以來，到昨天晚上還在這裡忙到晚上 11、12 點鐘的助理、聯絡人們出列，他們會在這裡、台中或全國各地，嘗試 NGO 的社會企業發展，希望各位朋友多多協助。

　　今天我們有許多貴賓共襄盛舉，現在我不占時間，我們後面進行聽友會時，再談。

　　敬愛的鄉親朋友們：

　　我心田中的淚水不比這陣子下在台灣的雨滴少，然而，這是溫暖、愉悅的淚水。

　　來自全國認識、不認識的朋友們，我還是得說聲俗氣的「感恩啦」，台灣有大家，真好！

　　千言萬語只能沉默，特別是今天又出現言語無法傳達的事例，來自高雄的一位女士，她再度帶給我深層的沉默，我只能向神靈祝禱。原諒我不說，因為我在廣播中已多次闡述台灣文化的「無功用行」！

　　　～荖濃溪因連日豪雨而湍流滔滔，它，若無其事地流逝；它碰到石頭就避石頭，它遇到高地即就低處，隨順地流到它該去的地方……～

　　　（關文彥，1936.6.15）

　　無限祝福！

祝福台灣！
祝福生界、無生界！

陳玉峯敬上
2015.8.30

2015 年 8 月 30 日假山林書院彰化基地舉辦開幕暨聽友會。

蘇振輝董事長致辭。（2015.8.30）

望春風電台嚴玉霜女士。（2015.8.30）

陳月霞女士致辭。（2015.8.30）

千里迢迢前來彰化基地捐款的吳莉華女士。

畫家陳來興先生致辭。（2015.8.30）

38

聲明

　　一、環保乃先進的政治，柯劭臻律師以法律專業，長期獻身台灣環境運動的行徑，值得肯定與喝采，本人完全支持柯律師投入選舉等政治改造行動。

　　二、就個人觀點，2016 年台灣大選本質上只有台灣對中國的大對決，而不必有過往顏色派系的分別。認同台灣主體意識、為台灣世代奮鬥者，本人一概認同與支持。

　　三、2016 年，台灣夢魘的國民黨政權全面垮台，台灣人不應該再陷入歷史咀咒的「以台制台」，理應謙沖互補合作，而不必執著於個人英雄主義。本人相信，也期待所謂「第三勢力」的青壯菁英們，都是民主自由之子，心胸格局必可突破私心，而以大局為重。

　　四、選舉是一時短暫的現實考驗，建議柯劭臻、劉國隆，以及其所隸屬的政治團體、單位全面合作，力拚台中市北區、北屯區立委。例如兩人合作，若當選，一人任期一半，且一人任立委、一人任首席助理，形成「當選一席、服務兩席」，開創台灣民代新典範。至於由誰出名競選，應由其所隸屬單位協調之，且在此區的資源一概合一。

　　五、競選任何選區的投入者，理應深入瞭解該選區長期以來，以及未來至少半個世紀的重大公共議題，以便將來進

入國會時，得以發揮區域立委的實質代表意義。

　　以上，本人誠懇呼籲公共議題、世代公義、台灣價值核心為重，共創 2016 年台灣民主精義。

陳玉峯

無題

20 世紀的中國哲學家唐君毅比較了中西哲學思想的系列之後，宣稱中國人的思想中，沒有主觀、客觀的分別（唐君毅，1941；台版 1978），而西方的主、客觀二分，緣起於何時呢？主、客觀的二元決裂，創造了現今的科技文明，也摧毀了地球生界的完整性。較明確的記載顯示，西方主、客觀二分的鼻祖，可追溯到西元前 640-546 年的泰利斯，他好像活了 90 多歲。他的本業是經商，他相信「事物是怎樣就是怎樣」，他不願意把自己的想像加進他看到的自然現象；他將所有的自然現象看成在他之外，有種永恆的規律或意志在表現；他實事求是，他觀察天體運行，並成功地預測西元前 525 年 5 月 28 日的日蝕；他帶領世人，盡可能放下自我想像，客觀地進行觀測，從而引導出唯物科學或二元論的思想丕基。

然而，西方人絕不是從泰利斯以後就走向純然客觀的探索，事實上，主、客觀思想的明確分水嶺，還得等待了大約 2,000 年，直到約 5 百年前的哥白尼，石破天驚認定地球不是平的，也不是宇宙的中心，而是繞著太陽轉的一顆星球。雖然哥白尼屈服於教會的壓力，但「日心論」已經激發出思考及科學的大革命，夥同如培根的歸納法等實驗、早期

實證論，由客觀的推論，已然開創出人類主體與世界環境的客觀事實之間，一種根本的切割或分離。加上往後工業革命以降，科技文明的席捲全球，終於形成現代科學牢不可破的「純客觀真理」的帝國。

也就是說，靠藉客觀物理、化學、數學、邏輯的智性發展，左半大腦的能力躍居主流，甚至變成或取代了信仰，更忽略或刻意刪除右半大腦的直覺、聯想、冥思、體悟等等意識的流動，以及相關的投射、共振。身、心、靈原本與萬事、萬物、時空萬象的一體感等等，逐一被排斥、斬斷，1990 年代，我為這種「文化」的發展焦慮不安，特地名之為「身心分離演化」。

科技理性或唯物客觀思維的發展，直接切斷人類主體性、意識等，之與世界或宇宙中客觀事實的連結，由於，所謂的科學思維或現實世界必須是摒除主觀的，一種唯物、機械化的內容，因而世界變成了無生氣、生機、生命，或者只是被動式的、純物質化的數據，除了人以外（有時很大比例的人也是）的生命、非生命，只淪為科技文明霸權予取予求的「資源」，恐怖的二元論主導「人的世界」，人以外的生界、無生界則大受摧毀、顛覆，終而反撲，也即將吞噬人類的未來，這類憂慮在唯物科學觀下，卻是不屑一顧的！他們在無能挽回地球生態系潰決的窘境下，拋出向太空發展的轉移，試圖以無限的「空中大餅」，逃避對地球的承擔，以及罪孽之後的報應或懲罰。

附錄

萌

阮湘盈

（成功大學台灣文學所碩專二）

秋之序語

「人為什麼要過生日？」

眼前這位聲如洪鐘的教授，以一個看似簡單卻甚少認真思考過的問題，打開了我對於台灣土地的眼界，也展開了一學期甚至未來連結一輩子，與土地之間的愛戀關係一種全新的觀點……

時序正值秋日，夜晚教室外的蟲鳴陣陣，像是爭相要回答問題般的熱鬧著。我的思緒也跟著老師接下來的說明奔騰著。人是宇宙的一部分，我們出生的那一天、那一處便是確立這世上的新座標。這使我想起，劉克襄老師說每個人都像是小行星，我倒是認為每個人都是一個星系。自成一個系統卻又互相吸引、排斥，彼此影響著。無論是怎麼樣的組成，人類都無法脫離與土地之間的連結而存活。地球記憶著過往幾十億年的記憶，而人類的歷史比起這些更是曾不能以一瞬比擬之。倘若我們自以為是的剝削著山川生靈，這些比我們更懂如何跟地球相處的生界的朋友，他們又怎麼能夠給予我們幫助？在自然面前，萬物都應該謙卑。

在萬物面前謙卑，並不代表就是迷信和無知的畏懼。老師告訴我們，宗教的關鍵在於「靈驗」帶來的「迷信」，然而迷信卻又是宗教最錯誤的地方。如何了解遠古尚未有科學思想時期的神話，它背後所蘊含的土地倫理，是當今這一代的我們可以試圖去突破和建立的。最令我感佩的是，這些對我來說似乎是很新的觀念，其實早在近三十多年前老師便已走在這條路上了。每次聆聽課堂，都彷彿可以看見有一位先

知那孤獨卻堅毅的背影，披荊斬棘的揮著柴刀，將台灣生態的道路清出一條光明之路。這些並非是憑著熱情和衝動而能為之的，反而是得用苦行僧式的方式，一步步踏實的紀錄和了解。彷彿用最「笨」但其實是最自然的方法，才能得到的最深入核心的寶藏。想以人的力量去了解自然奧秘，豈是用捷徑能到達的呢？

　　每一次的課堂之中，經由老師的引導，彷彿不是坐在教室裡。而是一口氣拉到久遠之前的世紀，或是深山叢林之間聆聽「大樹老師」、「地層老師」告訴我們一樣存在這世上但不同語言的古老悄悄話。內心的感動常常無法立即用言語來描繪，正所謂：「語言可以到達的地方沒有靈魂。」留待這樣的悸動醞釀成詩篇，實現在生活上。老師在山林書院裡提到：「觀今宜鑑古，無古不成今。」這是一種屬於科學思想的浪漫！

　　玉峯老師曾言：「浪漫主義是一種對崇高理想永不妥協的精神！」

　　如果台灣即將掀起屬於我們文藝復興的浪潮，那麼此時此際似乎是最好的時刻了。身為基層教育者的我，懷抱著改變的熱忱。冀望自己能成為一名轉化型的知識份子，散播教育的種子。一改過往人們總是認為老師是「政府打手」的印象，成為新時代的教育工作者。曾經，我也慚愧著。自己圍限於文人情思中，卻與自己最親的土地陌生而疏離。以前可以怪教育環境，現在再也沒有藉口不顧這片土地要告訴你的訊息。你得自己走出去，踏踏實實地。現在，正是我們的時代，我們並不孤獨，因為我們有幸站在前輩們奮戰下來的基

石土壤上，再加以澆灌自由的養分，我確信這是一個不結果也開花的世代。謹以此勉勵自己。

「人心沒有年齡。」

吾當以人類有限之年，為吾土、為後輩盡一己之力！

環保是最新的政治　拾月捌日

「人要溝通，就要解說……」這一天，老師以此句做為開頭。

倘若沒有解說，人們就無法更清楚地得知對方的想法，或者現象的解釋。如此一來，容易造成誤解更別說溝通了。然而解說並非沉浸在自己的世界中自得其樂，還需要「察言觀色、自娛娛人」才行。因為解說者必須搭起「景與人」之間的橋樑，透過這個過程打動人心（touch heart）。然而如何打動人心呢？最重要的便是要能夠先感動自己。

能夠感動自己，才能夠感動別人。

其實不只是生態解說必須如此，在國際上展現自己主體價值更需要如此！價值是人所賦予的，它是具有感染性、創造性的。玉峯老師曾提到：台灣在國際社會上之所以能夠立足，取決於「誠信」二字。沒有誠信我們很難與之競爭。比如說前陣子的韓國三星與台灣台積電同為 APPLE 手機 I6 代工的新聞來說。一經測試，台灣台積電所生產的機種，電池續航力硬是高於韓國三星所製造的。這已經不是單純技術上的問題了，更是在接了案子之後，業主如何面對所接下的案子，並決定須投入的成本人力。倘若台灣並未以較高規格的誠信製造，又何來這樣在國際上展現的漂亮局面？要能確立

台灣自身價值，首先台灣人民得能夠說服並感動自己，如此一來無論是在經濟層面或是文化層面才能感染其他國家以至全世界。社會整體的善良是我們寶貴的本質，卻是最容易被遺忘和忽視的。如何運用這樣令人信賴的特質開啟新時代的台灣來建立主體價值，皆是值得我們去構思的。必須全方位，各個層級都去努力開創，才能夠整體上升。「心的滿足勿貪，超過就不美了。」世上若有真理，那麼誠信肯定是真理之一。

宗教的自由造就豐富的台灣文化，可惜的是近年來宗教被政治統戰化得十分嚴重。可惜了這樣的養分。然而細究之後，台灣神話從未和政治脫節，過往只是反映政治現象，如今卻變成一種手段和策略，十分可惡，最令人惋嘆的是，純樸善良的台灣老百姓，卻深陷其中而未思考其因……

倘若台灣的良善誠信來自於部分的宗教信仰，那麼找回遺失的本心，便須溯源台灣宗教。而溯源台灣宗教信仰其實與山川生靈的歷史多有關聯，而對於山川生靈的理解，須回到生態、回到環保，那麼如此一來，環保便是最新的政治，可藉其開創人類尚未有或是遺失的良善。

在未來，人們需理解儲備多樣性以面對多變的世界。尊重個別差異，尊重生靈個體，這是最基本的觀念，然而卻是許多人不能做到的。我們面對不公不義，施行「不服從主義」，為的是超脫過去權威強加台灣人民的枷鎖。為的是爭取在世界上存活下去的權益。環境運動，是未來政治所能長遠之本，若在這樣的全新的政治風向之下，對於台灣未來我滿懷期待！

獨立之島　拾月拾舞

　　綠島，稱之為台灣的「獨立之島」一點也不為過。與台灣不同的板塊；不同的文化背景；兩百多萬年前冒出的海底火山，五十幾萬年前最後一次的噴發，綠島自此在海上遺世而獨立著，自成一個完整而豐富的生態系，更有不同的時期不同目的人們來此定居。因著各種因素，創造不同於台灣本島的移民文化。

　　跟著老師的幻燈片，我們了解了綠島的史料上已有的，以及沒有的歷史文化，許多我們覺得理應屬自然的現象，其實大有來頭，例如：同一村莊內住著多個姓氏的人民。從眾多資料顯示，研判應是反清復明的最後根據地哪！之後經歷日治時期的第一次政治統治，直至 1950 年白色恐怖政治犯被送至綠島囚禁，到現在的本國與外國遊客的觀光勝地。地上歷史喧喧鬧鬧，文化特質豐富而值得一探。然而我回想起今年春天我首訪綠島的幾個奇幻之夜……

　　第一晚正好是月全食之日。在大草原上我親見紅色太陽自海的彼端沒入海底，卻又在同時，碩大明亮的白月自後方轟然升起。當兩者在海上並存的那一刻，我感受到天地的循環，時間真正的在眼前流逝的感受。比起任何時針、秒針所傳達的感受更加強烈。騎車奔馳在海岸公路，背後的月亮呈現血色，一旁浪潮湧現，我完全被包圍在大自然之中了。沉沉的黑色岩壁，吞噬了喧囂，沒有人情款款，綠島的氣息是霸道而冷靜的。彷彿一隻尚未被馴服的獸，展現野性自然之美。

　　不知為何，綠島的夜總絢爛得令人著迷。第二晚民宿的觀星、訪鹿行程，在令人不甚愉快的機車排煙味之下，我和同伴決議暫時脫隊走訪屬於自己的秘境。我們來到滿潮的大白沙海灣旁，臥躺在上方的涼亭之下，滿天星斗覆蓋的夜空四下無他人，我感到安全而自適。我聽著底下怒浪一波波衝擊岸邊，遠方月光在海面閃映，將地表的圓弧描出銀白的線條，天上星斗轉移位置。瞬間的頓悟使我突然起了雞皮疙瘩，因為我感受到了，我第一次真真切切感受到自己是「宇宙中的一份子」！潮汐來自於月球的引力，我因為地表的重力躺在這裡，因為地球的運轉看到星斗的緩緩位移。這瞬間的發現和驗證，使我被深深撼動。若不是在這堅毅的小島嶼之上，我想很難感受到這股宇宙的力量。原來驗證自然之理這麼令人振奮！

　　綠島感動我的不只是歷史文化，更是它獨立不屈的氣勢！藉由老師《綠島金夢》一書的引導，我彷彿又看到綠島的另一個神祕面貌，定下了我再一次走訪的動力！

　　自綠島遠望台灣本島，有著客觀又親近的感受。回想起玉峯老師曾言，台灣本島經歷大大小小冰河期，陷了兩次下去又「跳」了兩次上來。雖然「生長」速度高於喜馬拉雅山，卻又因世界之最的剝蝕速度而成就目前的高度。來自世界各地的植物、動物移民，氣候和地理位置造就台灣島豐富的物種環境，堪稱是世界的「諾亞方舟」。對於台灣島的環境，慚愧的是，我從未認真思考過其生命究竟從何而來。仔細探究之後，更是越挖越驚奇！然而這樣理應屬於台灣人的「基本常識」居然沉寂多年而從未被政治、社會重視過這又是為

何呢？

　　今年的諾貝爾文學獎第一次頒發給報導文學，白俄羅斯的斯維拉娜・亞歷塞維奇曾感嘆言：「我們的上一代靠著把小孩養大這目標而生存著。」既可悲又無奈，但又何嘗不是台灣的現境呢？藝術能反映世界的夢魘和希望，而人類在演化的過程中身心分離，基因從未改變的我們，所有的涵養教化是培養出來的。現階段的我們，又能做些什麼呢？

　　我彷彿看到海岸邊的白花馬鞍藤，期待發聲卻又無語的哽咽著……

人類的目的論　拾月貳拾貳

　　人們因為心中有所不平才會有吵架的現象。那麼評鑑呢？似乎讓你連吵架的空間都沒有……對於大專院校的「評鑑」制度，老師提出了一針見血的見解：「評鑑是對過去的墓誌銘。」一聽此言，在我心裡簡直想大聲喝采！真是說得太好了！現行的評鑑不只未能改善未來，更是勞民傷財。這樣的現象豈止是大專院校，我所處的基本教育現場，行政工作人人畏懼。不只堆積如山的成果、計畫需要製作編寫，還要不斷的回報、上傳、核銷等未能改善教育的未來，還過度消耗教師人力的資料製作。大量的文件不斷輸出，每天埋首在表格、計算機中，而非讓教師有足夠的時間去改進教學方法；設計課堂的豐富性；關心學生的近狀協助規劃其生涯發展……這些對於初任組長職務的我來說，滿懷教學熱忱卻只能暫擱一旁的狀態，著實令人感到十分困惑和不解。一個教師當然理應了解行政職務的運作過程和難處，但是當一名老

師為了評鑑等制度而無法好好專注在教學之上，那麼是否本末倒置？莫怪乎老師會說，那只是對過去的墓誌銘！看著堆積如山的紙張（可憐的樹木無辜犧牲），緬懷過往的豐功偉業，可真是像極了！

說到底人們熱衷於評鑑，多是因為喜歡為事情設定目的性。然而人生最大一部分都是毫無目的的與關聯的。我們習於做任何事都有特定「目的」，卻不知道文化的目的在於文化本身；又或者人權的目的在於人權本身。猶如研究做學問，不應有特定的目的。因為讀書研究就如同開礦，絕大多數暫不知用途，排斥的話會越做越狹隘。

再放諸自然來說，生命本就無目的的，人們也總是喜歡將自己本身的目的論，套用在生物身上。水筆仔的生長便是一大例子！將人類自身的對於生命的解讀，放在生物身上，那是多麼荒謬而不通的途徑呢！

在自然面前，人應摒除「人類的目的論」，如此才能得其精髓，通其奧義哪！

如果你愛得夠深　拾月貳拾肆
（好美里、新塭踏查）

（一）美在骨子裡

台灣發展所展現的物競天擇，絕非自然現象而是一種人為的選擇。

初訪好美里，在寺廟裡聽著隆德仙以略顯笨拙但非常樸實，十分有文化基底的解說著廟宇的一切故事：那位捨自己

「肉身」醫助眾生苦難的媽祖，如何流轉至此……香爐裡冒出的煙冉冉上升，燻黑了神像、牆壁，也薰染著當地人民的心靈。那份專屬於此地的「記憶」，在我看來才是彌足珍貴的！然而走出廟宇之後，遍布小村莊磚牆、地面的，那絢麗奪目的 3D 彩繪就這麼不甚搭軋的闖進寧靜的好美里。

怎麼年輕人都來了？一輛一輛的計程車、遊覽車載著年輕亮麗的面孔來到這裡。眾人看見以當地為題材創作的 3D 彩繪，又是驚喜又是流連的。一旁擺起了各式各樣的小攤販，這裡開始有了另一種謀生的模式。而在老師的書中應該是唱古調的婆婆挽著我的手，告訴我哪個拍照的角度最剛好，哪個動作最有趣。這樣的情景越是熱鬧，就越讓村子更顯寂寥了……

台灣在近期開始流行所謂的農村彩繪。各個急欲展現「創意」，新潮一點的用流行卡通人物；稍微「用心」一點的用當地特色當作題材。每每一經網路媒體的宣傳，都能快速的湧進觀光人潮，甚至湧進「商機」。然而這樣的熱潮能維持多久呢？當地民眾衰老的現象、外流的人力、消失的專屬當地的故事……這樣的問題解決了嗎？我們得到了什麼？我們又失去了什麼？而誰來為他們做長遠的規劃呢？

當我們來到村莊的外圍，玉峯老師站上鄭氏王朝所留下的紅色堡壘進行解說。我聽見真正屬於台灣的歷史，屬於遺跡的動人記憶。然而擦身而過的遊客啊！你們為什麼不過來呢？為什麼沒有來看看這珍貴的遺跡呢？你知道在廢棄墓園的榕樹底下曾經有一個菲立辛根堡嗎？我們真的是台灣人民嗎？為什麼對於自己的土地如此陌生？為什麼總是只看見眼

前的繁華噱頭呢？春芽不記秋葉，然而這些正是我們之所以有今日的根基哪！不懂這些的我們又能怎麼立足在汪洋之中？

鄭氏王朝根植了台灣的信仰基調，在末期展現企圖讓台灣成為獨立政權的盼望，這樣的因子已播種許久。現在該是時候蛻去中國文化枷鎖，重視以台灣吾鄉吾土為主體的文化展現時期。在布袋新塭嘉應廟的探訪中，初臨廟口便看見紅色歡迎本校的海報，似乎有些不對勁的地方，原來是台文系的台字原本給寫成了「中」字！而老師早在我們來之前，就修正了此處！更令人感佩的是，原本的中字可是被玉峯老師完完全全的挖除的呢！怎麼可以以台灣文化去包裝中國文化呢？台灣即是台灣本身！自主獨立的個體！美，就得從骨子裡散發出來！

（二）如果我們沒有勇氣去嘗試

海洋民族應該是充滿冒險犯難精神的。然而為何台灣人身為度過海潮來到這個島嶼的各種先民的後代，卻越來越沒有敢死犯難的精神？我想那是因為生活不夠苦，又或者更悲慘一點來說：習慣了。猶記得上玉峯老師第一節課時，老師問道：「有多少的成功機率，你才敢拋下所有身家財產甚至性命去挑戰？」當天的結果是，幾乎沒有破八成的機率甚至更高，就沒有人敢挑戰了。今天有幸聆聽蘇董的一場演講，談論他的奮鬥過程及人生感悟。深深覺得人生除了熱忱、耐力之外，更需要的是要有開創新局面的勇氣！叔本華：「勿失去勇氣，勿小看自己！」說來容易，但等到實際面對挑戰

的時候，我們總是容易退縮。我要學習的不只是培養勇氣，更要有面對失敗的能力。蘇董引用了梵谷所說的：「如果我們沒有勇氣去嘗試，人生會變成什麼樣子？」

在開創一項新事業，就如同挑戰一座高山一般。蘇董說的每一點，是既踏實又深刻。其中最感動我的，便是對「純真」、「誠信」的堅持！亞洲人總將這些訴諸「道德約束」，而西方人卻是認為這些都是「應該要做」的。然而蘇董令人感佩的，是認為所有的資源都是社會的，於是世代傳承，給予後代所能給的。我發現許多職場人生有所成和有所感悟之人，他們能有幾人回過頭來去檢視自己與土地之間的關係呢？人終究離不開自然，離不開土地。身體或許可以，然而那股心靈的依戀，我想是難以割棄的。

猶記得蘇董所提及的「登山觀」：距離攻頂主峰只剩200公尺處，他決議不登上去了。為的是保留體力下山。「不覺得可惜嗎？」別人這麼問。他說：「山在那裡，我可以下次再戰！當然人生能有幾回合的下次再戰？可是如果輕易的犧牲而未做評估，那麼再多的再好的目標也是徒勞無功！夢在那裡！我會繼續挑戰！」

今日探訪這二處，引述蘇董演說中我最喜愛的一段話作結：「如果你愛得夠深，萬物會與你談心！」

吾愛吾土！

海底揚塵，峰頂掀波　拾月貳拾酒

「這是一個善惡對立又並存的時代。」我們似乎幸也是不幸，生長在這個世代的年輕人，終於有了自由的土壤得以

發展，卻又面臨到社會環境對年輕人最不友善的時代。公理正義崩壞，政治人物、財團帶頭作亂。許多不義之事明著來，毫無羞恥心可言。熱血青年憤然挺身而出，卻總是被惡意抹黑成作秀，或者絕對又跟什麼利益有所掛鉤，這樣的言論遮蔽了這個社會對公平正義的判斷。

　　這一天，聽老師談起廣州中山堂，台上說話者在該空間會「毫無回音」的設計，甚至可以清清楚楚地看見底下的每個人。控制所有人，原來正是實現蔣中正最無法動搖的皇權思想！當時別說已是推翻帝制的時代，若再加上毛澤東那位於天子子午線上的墓，就可以立即印證絕對的正義旗幟帶來的權力，往往包藏著不軌的惡意。倘若人民盲目沒有立即的給予監督，那麼等到所有一切皆已滲透入骨，病入膏肓，國家則全然無救矣。

　　談及宗教，台灣人從來不在乎神明的正身，因為不認為神像即是神之身體！這種觀念接近無神論的觀點。參拜台灣廟宇多年的我，從來沒有去思考過為何總是有觀音神像在後殿？在其他國家，媽祖與觀音往往是分離的。除了台灣佛道二家不分之外，究竟還有什麼其他的解釋？這一夜，聽老師的說明，我才恍然大悟！過去也一直對於媽祖被稱為「天妃」、「天后」感到不解。「后」、「妃」不正是帝之妻嗎？原來這正是摧毀價值中心的一種手段，使信仰的人民有絕對的服從！倘若不是這一番精闢的解說，信仰豈不是迷信而已？而如老師所言：「宗教的唯一本質是靈驗，沒有迷信就沒有宗教。可是宗教最大的敵人卻是迷信。」真所謂信者不疑嗎？不！更應該疑之！否則便是受操弄擺佈而不自知的

人了。

　　老師在課堂後半段談到了台 125 線，五腳松王公廟。使我深深感動不已。因為我從來不知道原來台灣在地的神話多為隱喻且具政治性的。而且早期的神話可以連結至鄉土，這更是我從未想像過的領域。做研究、訪問切勿去設定些什麼！先拋卻自己已經習得的，勿帶成見，才能獲得更多甚至意料之外的寶物！倘若要為文化找尋源頭，那麼我想先與山川連結，將更為其來有自！我自台中來到北台南鄉野一帶，聆聽了一些在地的故事！也親見一些村莊供奉著國姓爺，經此夜一談，終於恍然大悟！而我至此地，或許可以給這邊的孩子，帶來一些不同的思考視角！

只求淋漓盡致　拾依月舞號

　　「文本全念通就會有理論！」玉峯老師引用了呂興昌老師的這句話，著實讓我這個還在研究方向、方法摸不著頭緒的「研究生」，像是一記當頭棒喝，腦袋瓜清明立見！是呀！外來的理論未必適用台灣本土，更無法「合身」的解讀之！為什麼我們總是借用國外的理論而未有一套屬於自己的系統呢？是否因為貪圖捷徑，卻失了方向？

　　「心無年齡。」老師總是這麼說著：「當你無法適應潮流時，你就快死了！」人活著就是得面臨變化，你可以愛舊物，卻不能排斥新潮流。倘若你仍舊生活在這個社會，就得去面對它！

　　老師在本堂課的最後分享了自己的讀書方法，聽完真想痛快大笑！哈！哈！這堂課上完果真通體舒暢，實有靈魂淨

化（也是進化）的感觸哪！

千の風になって　拾依月拾貳
（李登輝先生演講）

　　聽玉峯老師曾說到李登輝先生在浴室高歌此曲，問問自己的身子是否還硬朗？好奇驅使特地找來了這首歌聆聽。歌曲傳送的是一股永不消散的精神，再加以這次得以聆聽李登輝先生的現場演說。顫顫巍巍的步伐，雪白銀亮的髮，演說時有如一棵直立的蒼松，盡力的傳達身為一位長者、台灣歷史的見證人，甚至曾經是國家最高領導人、台灣本土的第一位總統，所經歷過的以及想傳遞的精神意念。我與眼前這位老先生，有著超過一甲子的年代差距，除了被這樣的領袖氣場吸引，聽其內容，卻不覺得有多遙遠，反而非常親近。這大概便是精神意念得以共鳴之故。

　　李登輝總統提到人一定要有信仰，誠如玉峯老師也曾言：「信仰是一個人一輩子想要達成的典範人格。」並且了解自我，因為那是人的原點，存在先於本質，我在故我思。顛覆了過往我們讀西方哲學的固有想法。自我之認同，表示確定了人生之價值。「不知生，焉知死。」孔子之言，實則告訴後世，人要有意義的生，而生死具有表裡一體的關係。不只是個人的人生，台灣主體也就是台灣的自我，究竟該如何認同，又該如何走出舊的歷史，開創新的歷史呢？李登輝先生提出了非常確實的建言。甚至可能比起檯面上許多總統候選人所提出來的更為具體而明確！例如：憲政改革。利用當今的憲法增修條文逐漸演變成台灣憲法。

　　許多人時常會問起反統戰的人說：「那你們敢當選就宣佈獨立嗎？」我想台灣的條件皆已成熟，只是獨立在許多方面並不是一蹴可幾的，但如李前總統所說的，面對困難之時理應謙卑、冷靜、忍耐，如此才能自我超越！台灣的獨立之路亦如是！

　　何其有幸，得以聆聽小時候大家口中的李爺爺本人親臨甚至有所互動，那樣為了世代傳承而奮戰，堅忍不屈的精神與風範，深植在我的心中。

雪之痕跡拾　依月拾酒

　　這一日聽老師說到台灣冷杉的生態文化，心裡很是悸動。台灣自然文學並未真正貼近自然，但我認為老師開創了台灣自然文學的新風采！往往文人空有文采，卻總是以不足的知識，過度自我中心的解讀方式去了解自然。難怪容易落入無病呻吟，卻無法真正與自然連結以致撼動人心！

　　當老師站立在投影片前的剪影與冷杉樹幹重疊時，感覺老師像是母樹，堅強地撐著，身上有著與雪奮戰的痕跡。這一幕心裡很是感動。於是為冷杉寫了一首小詩：

雪之痕跡
我總是雙手張開擁抱天空
不懂防備似的
我總是雙手張開接收天空
看透世間艱難似的
我承受　積雪

積雪　重壓　我依舊向上　向上
向上　伸長著手臂
要將我的孩子　送到安全之地
送到前方
旁人笑我：「怎麼讓孩子打頭陣？」
他們不懂
孩子的時代在
前方　得自己去闖

吾土吾地　拾貳月山日

　　當你懂了植物與土地的關係，便會發現那是一段「纏綿悱惻」的愛戀。但我們總是被訓練成只有一種標準答案，對學習缺乏熱情，學生並未被喚起對生命的感受。台灣原住民有眾多神話，仔細一探究，會發現許多都與台灣的山川湖泊的現象相關聯。比如說魯凱族的聖地大鬼湖，其中傳說故事眾多，經老師一講解才知道是否尊重聖地，為何會影響後代繁衍，正是因為此處崩塌最嚴重，砍伐會有禍害引起。其實我們何必總是借用國外的土地倫理來解釋台灣的現象？「先有事實，才會有理論」不是嗎？如果不是從台灣的角度出發，又何來「合身」的土地倫理呢！我們不能總是因果結構關係不談，卻談枝微末節。雖然「教育無法立即看到結果」，然而我同樣身為教師，認為應當重新思考如何使學生與故鄉土地連結。除了產業的推銷推廣外，孩子們還可以知道自己家鄉的土地倫理嗎？還可以為家鄉留住些什麼呢？

　　近日有布農族獵人被判刑，主要是因為非法持有改造槍

枝。然而此罰則不符合比例原則，讓獵人、讓原住民阿嬤哭泣的當真只是法律？還是我們的教育方針出了問題，為什麼仍舊有許多人會去鄙視他人文化並且分高低呢？該怎麼溯源並建立起吾土吾地的土地倫理，而不再是只有「鄉」沒有「土」的鄉土教育呢？

今夜聽著老師談論大鬼湖的故事，以及火耕的傳統。深深被傳統的那與自然共存的文化吸引。陷身在都市叢林的我們，許多事情都以為理所當然，卻沒有探究其與自然文化的相互依存關係。在紀錄片《給親愛的孩子》中陳玉峯老師曾提到：「只有當台灣人不再將地震或颱風當作災難時，才能有真正的生態文化。」是啊，當你理解一切來自自然現象之後，會因為這些限制而發展出屬於自己與其互動的特定生活型態，為了有助於族群之生存和保存，因而發展出屬於自己的土地倫理。

阿里山柳老太太在山上樹木被砍伐後所說的：「空虛。」正是人類與自然心靈上相互依存最好的證明。個人的力量雖然有限，但只盼望自己能如玉峯老師所言，在生命盡頭所想起的，不要是那些該做卻沒做的好事……

山中有歲月　南橫之旅

在拾貳月六日到八日，克服了在學校調代課的困難，請了兩天假和成大台文系所的同學們啟程出發前往南橫。出發前就告訴自己，「我一定要來！」果然此趟真是不虛此行！

還記得自己在群山包圍的涼亭中忍不住說了：「山中無歲月。」同學也高興得談著。但是說完之後我就後悔了，誰

說「山中無歲月」？山中的歲月才是更長遠才是！說沒有的只是文人的心靈觀照，而非真正懂得山林。四季的變化、地質的變遷、生界物種的消長……每一秒每一瞬都在變化著呢！

拾貳月蹓日　回到自然母體的懷裡

南迴山徑蜿蜒，遊覽車緩緩的行駛在山間。配合著正在播放的《給親愛的孩子》，一路從都市叢林來到被海岸和山脈包圍的路途。前往南橫的路上，觀看著這部紀錄片，看著台灣山林的歷史演變，心中甚是慨歎！片中老師的一句話令我心驚：「台灣的山老得比我還快！」人類之於地球的時光，倘若以一天二十四小時來算不過是短短的三秒之久，卻已將數十億萬年來的地球生態破壞殆盡。究竟我們有什麼權力不去為地球盡一份心力？莫非真的要等到自食惡果那天，才要將自然交回給自然嗎？

晚上飯後，在天龍大飯店的地下一樓上課。被山林包圍的飯店裡聽著霧鹿峽谷的過往，聽著那馬達星星這位英雄的事跡。若要觀今便要鑑古，玉峯老師貢獻許多力量研究自然的「前世今生」。這一晚最令我最感動的一段話老師提到自然如母體過度時空，所以到了山上會有回家的感覺猶如回到母體。是啊，難怪每次走到大自然裡，並不會使人感到陌生或害怕。甚至回到山林之中，還能有療癒心靈的作用，從中得到溫暖和慰藉。山林給我如此多，我又能回報些什麼？又可以留給後世些什麼呢？在山澗的溫泉中，空氣中濕潤的霧氣飄散在肩上、臉上，如此遠離塵世的情調，還能留給後世

多少人感受呢？

拾貳月柒日　我們從來不是無中生有

　　曾經在透光的樹葉下站了許久，看著對生的葉平衡的長著。精緻的葉脈勾勒著最天然的花紋。於是回家後就抱著一本植物圖鑑跟著描繪了起來。但生活的疏離，讓我回到山中的時候，卻總是叫不出他們的名字……如果可以多認識他們的名字，就像是多認識了一些朋友，在這宇宙社會怎麼還會有寂寞的時刻！「當你愛得夠深，萬物會與你對話。」就是此意吧！

　　晨間我們沿著公路一路認識這些朋友：相思樹、山杜鵑、台灣二葉松、太魯閣櫟、鳥巢蕨……每個「朋友」都有自己的特性和生活的步驟。那種可以認識自然的喜悅多麼難以言喻，我多希望自己也有帶給別人故事的能力。而談及故事，六口溫泉紓解一早的腳丫子的疲倦，一旁我們專業資深的美麗解說員說著用酒換來的關於海端的古老故事，彷彿穿越時空般，故事完畢溫泉蛋也就煮好了！沒有任何的調味料，自然而然就散發著香醇的原味。何其幸福，能坐在此處，感受到自己原來不是無中生有……

拾貳月捌日　大於地平線的眼界

　　山上霧氣濃重，昨晚的溫泉浴沒有看到星星。倒是晚會的山谷回音還迴繞在耳際！早餐時間，看到了飛舞的藍鵲，驚喜不已！牠們與此地的居民和平處之，彷彿沒有所謂的稀有不稀有的問題。藍鵲自然而然便是這裡的「居民」。

　　啟程下山，路途雖迴繞反覆令人暈眩，但是沿途美景卻又令人目不暇給，完全捨不得睡去。中午來到海岸三仙台，滿地可愛圓潤的鵝卵石鋪著。很難想像這些紮紮實實的石子，是被怎麼樣巨大的力量運行到岸邊堆積著，又柔順的躺在海岸山脈的一側，聽著怒浪拍擊。順著海浪的吼聲，望過去，那就是極大的太平洋了。我突然領悟了一件事：許多人常說台灣因為地狹人稠，所以人民眼界甚小。可是這樣的話，理應被眼前的事物推翻！倘若他真的是這個島的子民，那麼有如此眾多的三千公尺以上的高山，有四面毫無遮蔽的海，這世界上，還有什麼能比一個島國的眼界還要遼闊呢？會這麼說的人，不是他不懂眼界的定義，是他不懂台灣哪！

　　回到霓虹都市，我感到自己彷彿不屬於這都市叢林……期盼下一次再一次的回歸山林母親的懷抱。

價值是創造的　拾貳月石日
（姚麗吉校長演講）

　　「當觀光便利之後，便會危險。」姚校長談到為何不將攀島活動擴展為遊客可以體驗的活動時這麼說著。向來，我們對綠島的記憶往往停留在觀光以及監獄的歷史。然而扣除掉這些眼前的收益以及過去的歷史記憶，綠島的人民如何在本身已豐沛的資源裡走出未來的發展？眼下從教育著手，確實是個好方法！

　　在我自己任教的學校中，正推行著「校本位課程」。除了發展學校特色之外，更可以結合在地文化內涵和特色進行課程活動的教學。但是，就如姚教授說的，能否得到各方的

支持更是重要！但是想要獲得支持，必須要某種程度的付出。吾人雖無法飲酒交流，但我相信誠如蘇董所言，以誠意待人必有所獲。當發起者自己意念堅定且清楚，自然而然可以吸引到眾多支持的力量。

教育孩子了解自己的天賦，充實他們的人生，理應是每個教育者的目標。當然自己在教育現場，有時候看到同為教育工作者冷眼旁觀的態度，實在會令人心灰意冷。但就目前我所見的是，教育現場有許多亟欲付出心力和熱情的老師，但是卻得不到社會的支持，甚至成為攻擊和仇師的目標。似乎做得好是應該，做不好就罪該萬死，將教育當作服務業使喚；而許多學校的領導者更是害怕質詢和評鑑，或是只考量本身利益。這樣的環境和態度，常常使許多想多做些什麼的老師感到心寒而且疲於奔命。又何來動力呢？更也因此，姚校長的付出更顯不容易了！

演講中姚校長曾提及一段話：「大人們不要把孩子們的錢賺光了！」環境不斷地破壞，豈止是錢呢？呼吸新鮮空氣的權利、能安心吃到乾淨食物、可以不用住宿花費就能看到美麗海灣……這些綠色財產，我們又能留多少給孩子們呢？價值是創造的，勿小看自己的力量！相信這條路上，並不孤單！

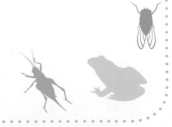

如畫祈願

吳欣芸

Dear 玉峯老師：

聖誕快樂 以及預祝新年快樂。

開心又感激這一學期可以繼續修(欣賞)老師的課。
每次都會有新的啟發。即使是重覆的內容都能感
受到一點一滴串聯起來的感觸
我想. 最真實的還是要親身實踐. 現在踏出一步
雖然真的困難重重 很多漏洞要補. 但期許自
己能堅持下去. 不論是否能成為太陽. 也不要放
棄小點的光亮.

為自己負責!

真的十分感謝 老師.

祝 健康. 快樂. 吉祥

2015. 12. 24. 欣芸 敬上

新年快樂，開心、感激可以續修老師的課！每次的啟發，點滴串聯；親身實踐
堅持下去，不為太陽，也要綻放那一小點的光亮，感謝老師。欣芸敬上

Dear 天峯老師：

　　近來好嗎？有聽聞老師您生了一場大病，誠心祈願早日康復！！要好好照顧自己的身體喔！ ☺一把歉，之前說的繪本欠了許久，還在修練中，這次的卡片算是一個小小品吧！上過老師您的課後，一直在想要如何不分割，如何也讓大家「愛」自然，自己跑去走水坑，繞了一下，花蓮水源區，很多沒有注意到的，讚嘆之餘，也發覺自己的無知，希望更了解自然，於是暑假去讀了一些關於植物的書，也看了〝台灣植被誌〞卻又發覺自己背景知識的不充足，這學期便跑去修生科的《生態工程導論》跟老師的《生態學》。嗯，這當然又是再一次知識缺乏的衝擊。但我並不感到沮喪，這就是在老師教導下學到最寶貴的東西。〝關於自然的愛〞〝為所愛而戰〞的精神！

　　千里之行始於足下，還是要一步一腳印的走，感謝猛禽老師，您是最棒的楷模，儘管我無法深切認知那些看著山林破壞的痛苦。但希望能藉由畫筆尋求悔悟，親自將那些痕跡亦描繪下來，刻在心底。期願有天再一次走入山林可以有新方法讓人也體認到自然的驚奇，就如同老師您帶我們一樣 ☺

　　　遲來的教師節快樂，祝平安吉祥身體健康 2015.10.08

　　　　　　　　　　　　　　　　　　　　　　欣芸敬上

繪本還在修練中，一直想要讓大家「愛自然」，自己四處尋訪踏查、閱讀專書，讚嘆之餘，卻受到知識不足的衝擊，但我並不退卻，這就是從老師身上學到的「為所愛而戰」！千里之行始於足下，儘管我無法深切認知山林破壞的苦楚，祈願隨順畫筆遊走，而內化體悟。教師節快樂。欣芸敬上

雖然現實可能會帶走一切

但也總會有辦法傳承下去

"曾幾何時，你還記得嗎？"

曾幾何時你還記得嗎？

"那些比繪本更夢幻、美好的故事"

那些比繪本更夢幻、美好的故事

寫給他「親愛的孩子」的一封信

萧武治

老師您好：

　　我是在您所開設的研究所碩專班課程旁聽的蕭武治，謝謝老師給我機會旁聽。上週四 (11/12) 在崇華廳聆聽李前總統演講，心中有許多悸動，遂發而為文，希望能將這份感動回饋給老師。

　　附加檔案一為武治當天的心得，另一為 11/14（六）在全美戲院觀賞紀錄片《給親愛的孩子》的觀後心得，希望老師不吝指教，感謝老師。

祝

教安

旁聽學生蕭武治敬上 2015.11.19

《給親愛的孩子》觀後心得

　　今天「南方影展」的《給親愛的孩子》。你曾經想過要留下些什麼給下一代？

　　紀錄片《給親愛的孩子》，從 921 地震到 88 風災以來，探討台灣近百年來對待土地、森林、自然、神祇的傲慢與短視，並且陳述在如此的巨變創痛中，我們應如何謙卑地與災

難共存、與土地對話，如同在每個崩塌、毀棄的土地中冒出嫩芽的櫸木，努力在這塊土地扎下千百年後有機會舉起一片天空的根。

然後，我們輕輕捧起這棵稚嫩新生的苗，告訴孩子們，即使百年來，我們對山林犯了許多錯，我們愚蠢、我們蠻橫，但至少現下該為你們守護這株樹苗，讓森林有機會恢復，讓山與樹的神靈能夠再回來。

於是，我們該從大自然的殘酷裡學到慈悲，從樹木的對話裡流下眼淚，從聆聽山林的嗚咽中聽到啟示，然後試著寫下一封信給自己的孩子，告訴他們這片曾經蔥鬱、充滿生機的土地，現下我們交給你的這株芽苗，是一種殘酷，也是一種溫柔。寫一封信給孩子，希望孩子能夠看到這塊土地的傷痕時，給予觸摸安慰；希望孩子勇敢走入荒野，在大自然中學習渺小與謙遜，然後記憶下這塊土地裡最美好的。

很感恩這學期有幸上陳玉峯老師的課，感受到他對土地與山林堅定的溫柔，如亞歷塞維奇（Svetlana Alexievich）的苦悶與孤寂（老師自述看到亞歷塞維奇得諾貝爾獎時的感言，覺得這人真是他生命中孤寂的孿生），也謹以我寫給孩子進入荒野的話，希望親愛的孩子未來的台灣土地與山林，能夠有更多的陳玉峯、更願意敘寫生命故事的亞歷塞維奇、拍攝更多土地故事的紀錄片導演黃淑梅。

親愛的黑鳶：

阿爸阿母希望你能夠看到自然之美、生命的驚奇，然後用更謙卑的心，記下你的感動，留下你的

記憶。這裡的記憶不是用頭腦記的，你的記憶力那麼好，從小就很會記一些細節，阿爸阿母當然相信你會「記」得住很多東西。阿爸阿母的意思是，生命中有些更重要的事，是要用「心」來記憶的：葉子用什麼樣的姿態飄落？蝴蝶在飛翔時如何拍動翅膀？種子落在枯葉時，你發出了什麼驚呼聲？在滿天星斗前，有些人流下的眼淚為什麼就像流星墜落？……這些「功課」，說難很難，說簡單，其實也很簡單：讓自己更柔軟、帶著欣賞感恩的心，看待周遭的一切，還有，真心喜愛這塊土地，並且願意把這些愛、感動化作行動。

　　阿爸阿母相信你可以的，而這些你看到的、記得的，都將永遠陪伴你，就像我們今天陪你做的一切。

　　　　　　　　　　20151101 阿爸阿母寫於阿珊的生日

親愛的小香菇：

　　阿爸阿母希望你能夠在大自然中，學到勇敢、學到韌性，看到自然之美、生命的驚奇，然後用「心」去記下這些「美好」。阿爸阿母告訴你，生命中有些重要的事，一定要用「心」才能夠真正記憶：蜜蜂在綻放的花朵前，親吻花朵的拍擊；魚魚在躍起時，落下的歡呼；在陡峻的山路前，山在你心中訴說的秘密；在大雨滂沱的雨中，用力踩下濺起的水花就像許多笑臉……，這些「美好」，只要你讓自己更柔軟、帶著欣賞感恩的心，看待周遭的一切，還有，真心喜愛這塊土地，並且願意把這些愛、感動化作行動，你的「心」就會記得，而且

永遠忘不掉。

　　阿爸阿母相信你可以的，而這些你看到的、記得的，都將永遠陪伴你，就像我們今天陪你做的一切。

　　　　　　　　　20151101 阿爸阿母寫於阿珊的生日

《超越自我，認同台灣》

　　今天參加了旁聽課的一場演講，演講者是李前總統。

　　他從哲學的觀點出發，內照自我，我存我在的辯證，然後拉高角度來看，經過哲思與辯證後的自我，會如何看待這片土地？如何擁有信仰，並且能夠謙卑、忍耐、堅卓呢？待這群經過如此淬鍊的年輕一代，日後有機會領導、改變台灣時，他們才更能夠因為信仰，因為參照過自我而忘卻自我（黨派、階級、私欲……），落實真正的民主，並更謙遜地傾聽民意民瘼、感同民苦民悲，使台灣成為一個完全的民主國家。

　　而民主，就是我們未來出路的武器，我們的救贖，我們奶與蜜的應許之地。

　　老人家的哲學素養與頭腦相當清楚犀利，也可以感覺他強大的信念，並且真心希望下一代更好的心意。

　　李與演講發起人陳玉峯老師，他們都是典型一輩子在「戰鬥」的台灣人，對自己戰鬥，為這塊土地戰鬥，而這樣的影響，在年輕的這一代確實有了成效、有了感染，而使我們對未來更有機會擁有更多的樂觀與想像。

　　舉例來說，現場有一位中國學生提問，問題當然會讓我們不可思議地覺得○○××（咦？咦？怎麼會有人把民主這樣解讀？），以前我聽到這些都會覺得很氣憤（他真的得到滿堂噓聲），

但今天不知為何，我卻覺得懂了、諒解了：民主，必須要經過奮鬥、長時間地浸淫，才能深化、生根，對他們甚至是曾經見識過威權時代的人（我們）來說，當然有些東西是無法理解的、被深深根植於潛意識的（黨國思想、面對權威而放棄思辨），但對新的這世代來說，民主，真的就像呼吸一樣自然，並且透過自我思辨而存在，透過自我思辨而深厚。

我們現下的（或說給下一代許諾）目標，是更健全的民主機制，是更美好的台灣環境與未來。

《回應那一瓶鐵板沙》

親愛的老師：

當天上課聽您說的那瓶鐵板沙的故事，深受撼動，也鼓勵我們在每個角落、每個地方，努力地將所言所感付諸於行動，做出回應，並且感染更多的人。

那天的鐵板沙，我沒有拿（但我們家水某拿了一罐），總想該把機會讓給更年輕的孩子，但感受到老師殷殷的期盼，這樣的承諾我會放在心底，持續付出，希望能不負那沙中的塵土，以及這片養我育我的母親大地。

願

平安順心　健康喜樂

學生武治敬上

下為我們最近去幫官田水雉保護園區蓋羊屋的紀錄，我也將老師關於鐵板沙的演講稿 po 在下面（略），希望能夠讓更多的人付出行動。

　　2015/12/26 我們在水雉園區為羊蓋房屋，羊是園區養來除草用的，因為之前用機具除草，時常有誤傷蛇、烏龜等事情，於是有人就送了一公一母兩隻羊給園區，這幾個月來，羊確實也非常努力盡責地工作，但牠們卻一直都住在一個小小的鐵籠中。

　　於是乎，由我的老友兼好兄弟坤毅土木結構技師，擔任設計師兼工頭兼工人兼打雜，我們在園區許多人的大力協助下，他們幫忙清點園區、載運社會許多熱心人士給予的多餘建料、整理場地，在聖誕節過後的早上於水雉棲地的一隅，幾個人簡單雙手合十拜了拜，進行了動工典禮，開始了這間羊舍的興建。

　　第一個工作天從地基立樁開始，因為先前沒有蓋過木頭建築的經驗，所以進度緩慢但卻很紮實地進行著，一間小小羊舍，有著我們幾個人，還有背後一大群人的默默支援，裡頭滿滿的是真心希望這個社會與環境更好的小小舉動。

　　昨天不管是氣候或場地，都非常的舒適，感謝淑雯、坤毅、鯽仔，以及後來來到的荒野伙伴小兔、魚狗、孔雀魚、粗獷卻心細柔軟的張先生、黃先生、園區裡頭不時跑來關心協助的伙伴，在我開工不到半小時就拉傷的情況下，工程仍然可以無礙、精確地進行下去。

　　原本今年要和美國回來的同學一起去重修一座我們大學時常去的木棧橋，但因故未能實現，感謝老天給我們這個機會，讓我們可以在年逾 40 之餘，做一個「大地之子」、展現「土木魂」(以前系上的 T-shirt logo)，將從大地所學的一切，奉獻給大地，並且和這塊土地作互動與連結。

　　還有，希望能在農曆年前，為這對羊夫婦還有牠們的下一代（即將有羊寶寶了）完成這個羊屋中的溫暖荒野之家。

　　PS：園區那兩頭羊是被搶救出來的，差一點變成羊肉爐……園區是屬於保護區，但水雉的棲地很特殊，它和人類的活動息息相關，所以我們才會在這裡蓋羊舍除草，目的是為了使水雉的食物──菱角可以長得好，並且研究如何鼓勵農民不使用農藥除草除蟲。

台灣
經典寶庫
Classic Taiwan
7

南台灣踏查手記

原著｜ Charles W. LeGendre（李仙得）

英編｜ Robert Eskildsen 教授

漢譯｜ 黃怡

校註｜ 陳秋坤教授

2012.11 前衛出版 272頁 定價 300元

從未有人像李仙得那樣，如此深刻直接地介入 1860、70 年代南台灣原住民、閩客移民、清朝官方與外國勢力間的互動過程。

透過這本精彩的踏查手記，您將了解李氏為何被評價為「西方涉台事務史上，最多采多姿、最具爭議性的人物」！

節譯自 *Foreign Adventurers and the Aborigines of Southern Taiwan, 1867-1874*
Edited and with an introduction by Robert Eskildsen

C. E. S. 荷文原著
甘為霖牧師 英譯
林野文 漢譯
許雪姬教授 導讀

2011.12 前衛出版 272頁 定價300元

被遺誤的台灣

Neglected Formosa

荷鄭台江決戰始末記

1661-62年，
揆一率領1千餘名荷蘭守軍，
苦守熱蘭遮城9個月，
頑抗2萬5千名國姓爺襲台大軍的激戰實況

荷文原著 C. E. S. 《't Verwaerloosde Formosa》 (Amsterdam, 1675)
英譯William Campbell "Chinese Conquest of Formosa" in 《Formosa Under the Dutch》 (London, 1903)

回憶在滿大人、海賊與「獵頭番」間的激盪歲月

Pioneering in Formosa

歷險
台灣經典寶庫5
福爾摩沙

W. A. Pickering
（必麒麟）原著

陳逸君 譯述 ｜ 劉還月 導讀

19世紀最著名的「台灣通」
野蠻、危險又生氣勃勃的福爾摩沙

Recollections of Adventures among Mandarins,
Wreckers, & Head-hunting Savages

前衛出版
AVANGUARD

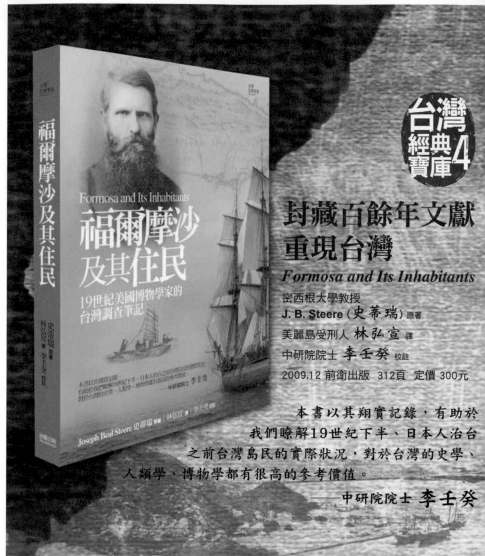

台灣經典寶庫 4

封藏百餘年文獻
重現台灣
Formosa and Its Inhabitants

密西根太學教授
J. B. Steere（史蒂瑞）原著

美麗島受刑人 林弘宣 譯

中研院院士 李壬癸 校註

2009.12 前衛出版 312頁 定價 300元

　　本書以其翔實記錄，有助於
我們瞭解19世紀下半、日本人治台
之前台灣島民的實際狀況，對於台灣的史學、
人類學、博物學都有很高的參考價值。

—— 中研院院士 李壬癸

◎本書英文原稿於1878年即已完成，卻一直被封存在密西根大學的博物館，直
　到最近，才被密大教授和中研院士李壬癸挖掘出來。本書是首度問世的漢譯
　本，特請李壬癸院士親自校註，並搜羅近百張反映當時台灣狀況的珍貴相片及
　版畫，具有相當高的可讀性。

◎1873年，Steere親身踏查台灣，走訪各地平埔族、福佬人、客家人及部分高山
　族，以生動趣味的筆調，記述19世紀下半的台灣原貌，及史上西洋人在台灣的
　探險紀事，為後世留下這部不朽的珍貴經典。

甘爲霖牧師原著

素描
福爾摩沙

Eslite
Recommends
誠品選書 | 2009.OCT 二〇〇九‧十月

一位與馬偕齊名的宣教英雄，
一個卸下尊貴蘇格蘭人和「白領教士」身分的「紅毛番」，
一本近身接觸的台灣漢人社會和內山原民地界的真實紀事⋯⋯

譯自《*Sketches From Formosa*》（1915）

原來古早台灣是這款形！
百餘幀台灣老照片
帶你貼近歷史、回味歷史、感覺歷史⋯⋯

前衛出版
VANGUARD

誠品書店
www.eslite.com

陳冠學 一生代表作

一本觀照台灣大地之美 20世紀絕無僅有的散文傑作

陳冠學是台灣最有實力獲諾貝爾文學獎的作家……
我去天國時，《田園之秋》是我最想帶入棺材的五本書之一
—— 知名媒體人、文學家 汪笨湖

中國時報散文推薦獎/吳三連文藝獎散文獎/台灣新文學貢獻獎
《讀者文摘》精彩摘刊/台灣文學經典名著30入選

前衛出版
AVANGUARD

福爾摩沙
紀事
From Far Formosa
馬偕台灣回憶錄

一位改變台灣歷史的宣教英雄 一部影響台灣深遠的不朽讀記

馬偕博士 原著

林晚生 譯譯
台灣神學院教會歷史學
鄭仰恩教授 校注

福爾摩沙
紀事
From Far Formosa
馬偕台灣回憶錄

19世紀台灣的
風土人情重現
百年前傳奇宣教英雄眼中的台灣

前衛出版
AVANGUARD

台灣經典寶庫
譯自1895年馬偕 著《From Far Formosa》

國家圖書館出版品預行編目 (CIP) 資料

自然音聲 / 陳玉峯著 .-- 初版 .-- 台北市：前衛, 2016.05
240 面 ； 15×21 公分 .--(山林書院叢書：13)
ISBN 978-957-801-801-3(平裝)

1. 言論集

078   105007912

自然音聲

策　　劃	山林書院
	http://slyfchen.blogspot.tw
著作・攝影	陳玉峯
打字、校稿、編輯	劉醇懋、湯冠臻
責任編輯	陳淑燕
美術編輯	黃宏穎
出 版 者	前衛出版社
	10468 台北市中山區農安街 153 號 4 樓之 3
	Tel: 02-2586-5708　Fax: 02-2586-3758
	郵撥帳號：05625551
	e-mail: a4791@ms15.hinet.net
	http://www.avanguard.com.tw
出版總監	林文欽
法律顧問	南國春秋法律事務所林峰正律師
出版日期	2016 年 5 月初版一刷
總 經 銷	紅螞蟻圖書有限公司
	台北市內湖區舊宗路二段 121 巷 19 號
	Tel: 02-2795-3656　Fax: 02-2795-4100
定　　價	新台幣 300 元